U0152306
心田
心田文化
良種紙上播
善筆植心田

論食嘗百味·談笑道人生

子平 百味人生

易天生 著

子平百味

自序

論命嘗百味

讀者看易天生的書，以為都是些學述性註釋古籍居多，其實筆者在寫作初期，寫的都是以生活散文方式為主，而且文章每天都登在幾份報章上，包括快報、東方、太陽和萍果日報，所以累積了大量文章，其中也有不少結集成書推出，最先有﹝女相書﹞甲、乙和丙篇，隨後推出了﹝奇相書﹞，後來是﹝玄中有理﹞、﹝面相理財攻略﹞、﹝運財天書﹞、﹝做個知命人﹞、﹝命相百達通﹞，﹝奇趣掌相錄﹞、﹝掌相奇趣觀﹞、﹝心相篇﹞等書，多數收錄在我的﹝知命識相系列﹞，這些作品內容都是貼近生活層面寫成，頗迎合現代人，有著消閒性質，不用太費神去深究。

在近年因為再沒有寫報紙和雜誌了，這類清談式的文章都很少再寫，反而專注於較嚴肅的古籍命理註譯，一心想保存古代的重要經典，傳承命學文化，這一寫又是十多年，這類較大型的著作，不覺間也出版了很多部，並收編在《中國命相學大系》中，在中港台和東南亞一帶，仍在細水長流，現今又以電子書形式，再次登場，相信其流傳會更廣。

今次寫這本書有點反樸歸真，回歸自然的感覺，因為又重回初時的那種風格，寫一些生活上的話題，和自己對命學上累積的經驗，沒有限制，寫的正是作者此刻的心路與人生體驗，總之想到甚麼便寫甚麼。

不經不覺，發現自己年紀已經不少，在八字上也到了第六柱沖堤之運，這個天剋地沖人皆不能避免，自己的火本不夠，行上了土晦火光的運，偉大的理想都要暫且放下，目前有很多想做和想寫的，好像都有心無力，環境的變遷，滄海桑田，再拿起那支筆，卻眼睛不好，記憶減退，精神不夠等等……只好放慢來做好了。

作者今回是盡量輕鬆地寫，只是寫起來好像又走向嚴肅去，也無法子，只好隨順隨緣，寫到那裡算那裡，不去計較，反思過去，放眼未來，從而悟出一點一滴，好應付未來的人生。

易天生

2022年12月10日

目 錄

人生五件事

八字五福

人生中所需的其實不多，而實實在在所必須的，就是世人命運中的「五福」，亦即：

妻、財、子、祿、壽。

這個五福是為男方而設，女方：夫、財、子、祿、壽，稍作變通即可。

先講妻，在人命的起首第一個運中，正正就是要經過談戀愛，尋找合適對象的第一步，這個過程中，我們會經歷到成與敗，得與失，到最終找到伴侶，算是人生的第一個階段得到完滿。

當然大家又會想到，若是一窮二白，身無分文，又怎樣去追女仔，如何結婚和養妻活兒，一連串的現實問題，都是跟財星有關的，不知大家同意

五福 妻財子祿壽

否?因此五福先從財入手也是正常的。

金錢的財

五福者，先論財亦頗為適合，看人命的財，是否就單單可以看六神之財星便足夠呢?答案是不夠的，皆因有人命中喜財，有人命中忌財，難道忌財的人，一生中的五福就少了一福嗎?

其實除了正偏財星之外，八字中其它的六神跟財星是相連的，比如說與財星關係至為密切的食神和傷官星，它們是財之源，生財之本，可以護財，能解劫財之剋奪，故而影響力甚大。

至於六神中印星又如何，印星被財所直剋，又如何能有好的關係呢？其實正偏印星，是要用來生起日主，令其有力量去提取財星的，如果財太強旺，剋傷了命中之印星，日主身弱氣短，有財來也無福消受，你說影響大不大？

簡單解釋過了六神中的食傷印巳，還有官殺呢？這個官殺主要靠財星來生起的，大家不難想像，其關係是互為因果，形影不離的，官星最大功用，是剋制住比肩分財，和劫財奪財，這是第一個功用。

第二個功用，就是人得了財時，官星便會旺起來，這可比譬為人有了財

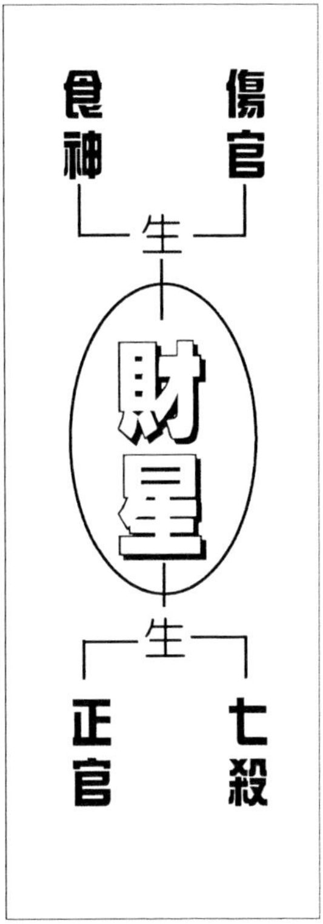

傷官　食神
生
財星
生
七殺　正官

富，便會去建立自身的聲望與地位，其實這也是很自然的事理，不用多作解釋，至於七殺星的權力，也不能說是次要，否則因何世人會那麼鬥生鬥死也不願放過手中的權力。

因此，財星就跟其餘六神連結起來，產生強大的互動作用了。

女人與財

這是一個有八字推命以來便存在的問題，六神中的正偏財星，到底是代表錢財還是男命的妻子或情人呢？如果答案是兩者都是，那豈不是很混淆嗎？

於是有一個比較容易理解的說法，是由年齡去介定，即：

1早年為家境父財　2青年為愛情和伴侶　3中年後為金錢財富

男命的早年財星不是自己的居多，來自家中父星很合理，青年時期可視為愛情和伴侶，人漸漸長大了，金錢的影響力便大起來，故以錢財視之。大

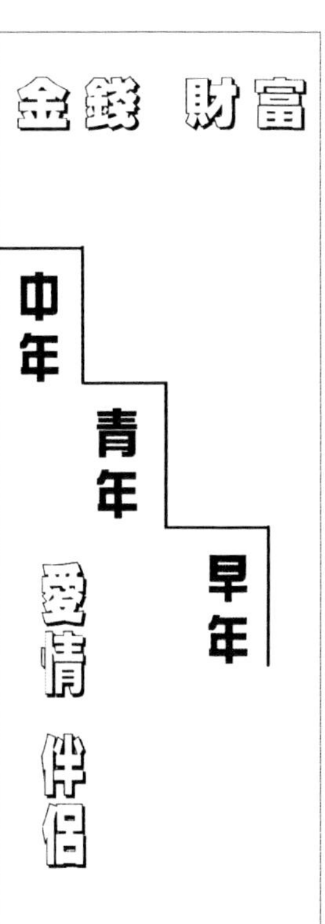

家用此作為參考，分輕重和主次就是，事實上也有例外的，我見過二命，就是十五歲賺到人生的第一桶金，另一個七十歲還與少女戀愛，當然，一個男人很早已建立財富，年輕創業，女人桃花是會自動找上門來的，這時仍然要憑經驗來判斷，是金錢先還是女人先，仰或一齊來，如果是一齊來的話，你的日元便一定要很旺，否則便會無福消受了。

財星之男女有別

在男性來講，正財星一定是好東西，因為它代表了兩件事情，一是金

錢，二是女人。

一個男人與金錢女人都無緣的話，他去做和尚好了，因此男人身不能太弱，日元健旺，財來便可順取，沒有太大壓力，那身弱的人又如何？只要不是太弱，命中有印比，或者歲運來印比扶身，還是可以應付財星帶來的損耗，但就要不貪心，安份守己地工作，努力進取，正財方得安穩。

至於身極旺，同時又有很強的財星在命時，這人多數是富有人家，有賺錢的基因，太旺的人不能無財星，尤其是入不了專旺格，成為滿盤印比不入格局命，那便難有希望了。

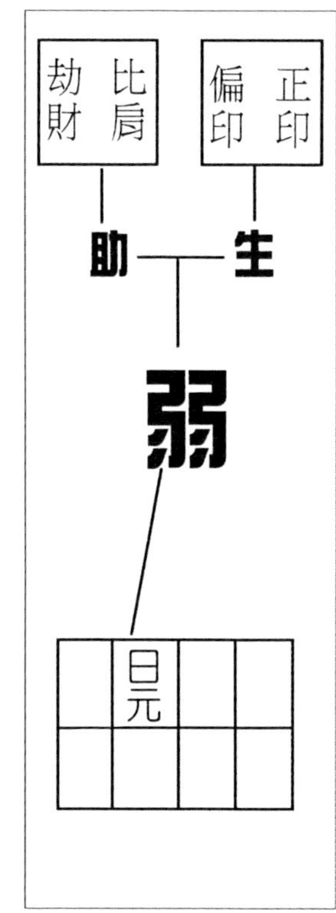

偏財星桃花

男人財多

有一件事情不能不提的，就是這個財因何被視為男命的桃花及女人？這先問大家一個問題，如果一個男人有了很多錢，手握大財，有大事業和很多的資產，隨之而來的會是甚麼？很自然，答案就是「女人」！尤其以偏財星更為明顯，因為偏星與日主陰陽不能協調，會產生很多人情法理上的偏差，這的確是一個複雜的問題。

女人財多

女命與男命不同，對女命來說，女子財多卻不會多男人，其理何在呢？但卻肯定財多，錢對世間上任何人都重要，但問題是，財星何以不跟男性一樣？男命財為女人，女命財為男人呢？這個道理很簡單，只要了解六神的特性，便知女子財強身旺，即代表這個女人金錢多，女人財多便會生官生殺去，不是生財星，這代表了甚麼？即這女子身邊的男人，會受益是也。

很多女性聽到我這樣講，都會覺得很不公平，為甚麼是這樣？女人有錢便會益了她的伴侶，又或者旺及其上司、老板，沒法子，「財旺生官」，八

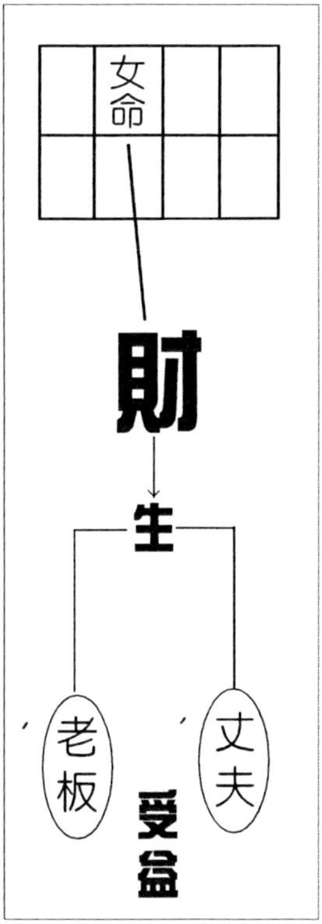

女命
財
生
丈夫
老板
受益

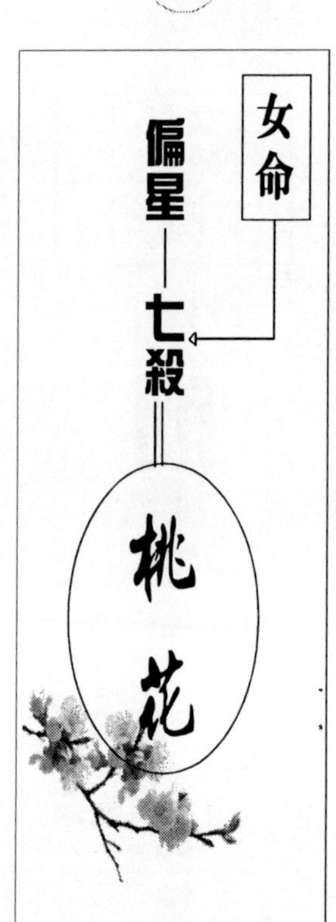

字六神就是如此配置。

女人難道就沒有桃花了嗎？在當今之世，女性活躍度已漸超於男性世界，女人多錢一點都不稀奇，但多了正官和七殺便不簡單了，亦即女子身旺多官殺，女子有地位、能力強、有性格，男人便會隨之而來，很容易招蜂引蝶，尤以七殺這個偏星，道理跟前面所述一樣，偏星始終是偏星，偏星無情，女命最怕是身弱七殺太多，其易被男人操控，甚為不妙，相反地女子身強殺旺，男人便被她玩弄於指掌之間，但怕只怕玩出火來，偏星七殺始終要有印轉化，這才不會引火自焚。

人生仿如玩瀡滑梯

這個話題是有一天忽然想起來的，隔了約一星期，覺得這話聽上去，好像有點消極，人生下來就是一直往下滑，有點不吉利似的，但我是以童心來看待，覺得人生總要好玩，管它那麼多，人生本來就是上上落落的，上時很辛苦，落時又很刺激，能做到起落當平常，是一種人生哲學，不論是看命或是學命的人，都要看得輕鬆一點，也不須要太過執著。

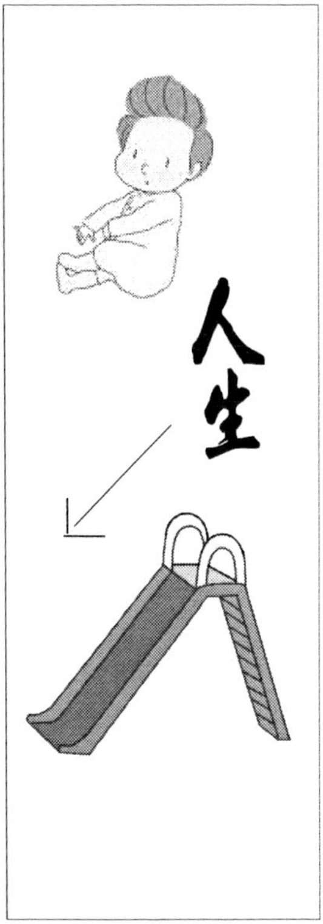

人生

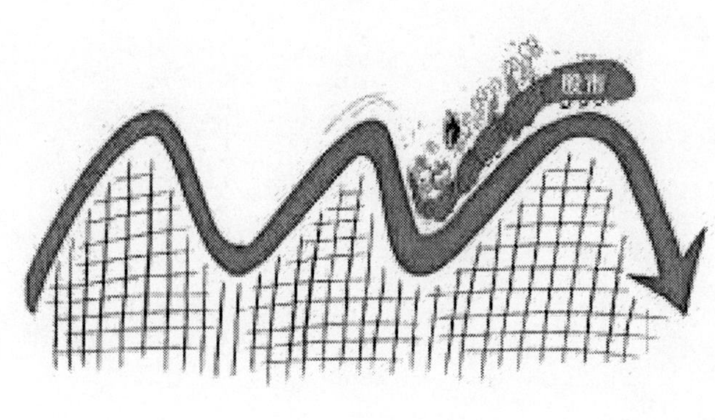

人生又如玩過山車

如果我們用孩童的心態來看待人生，便不會怕人生的種種波折了，有時見到人的八字，排出大運時是高低起落、大起大跌的，這時我會用「過山車」來形容其人生，為了令對方不會太擔心，我都會問對方玩過這玩意沒有，一般人的答案都會是有的，我會問他是否刺激好玩，答案通常說是。當其人遇到高速下滑的歲運時，可能會想起過山車，或許不至於太驚懼吧。

當然，總會有著很少數的人從來未玩過過山車的，就這樣平平穩穩過一生，也不會有甚麼錯失，都是命，在人的八字中，老早就反映出來，八字旺弱中和，五行平均，大運與原局多合少沖，一片祥和，就是少了一點刺激，但這都被視為吉命。

命中子息

男命以官殺為子息，女命以食傷為子息，又男女命都以時柱為子女宮位，這麼簡單就可以說完，但問題是真的那麼簡單嗎？其實子女星和宮，看的不止是子女，也包括了下屬、工人，也包括了一切的輸出，甚至可以代表興趣，消閒等事物，想深一層，人的五福如不包括了這一部份的話，就連人

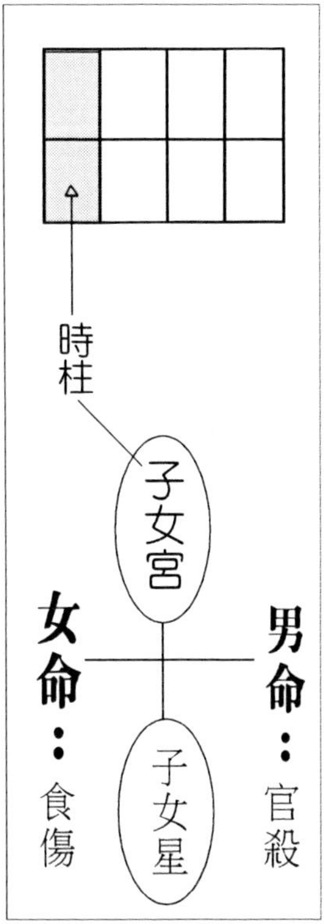

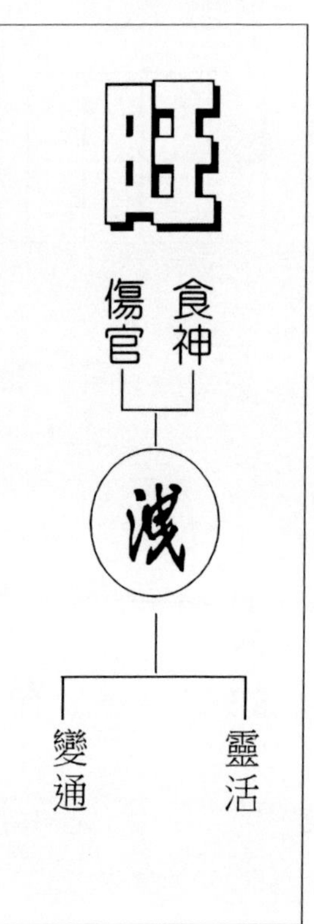

生樂趣都沒有了，因此五福也要有這一部份，故同時連帶著興趣與消閒、下屬、家傭等。

當看到八字很旺，命很硬的人時，都會第一時間看看他有否食神或傷官星，因為身旺命的人，沒有了食傷，便會生活得很枯燥無味，這個人也會很僵化，欠缺了靈活變通，可以想像這類旺而無洩的人，是何等固執和不識轉彎。

風雅文人，每多是身旺有洩或身弱有印，只要掌握著這個小小的秘訣，看命就會簡易得多。

話劫

人生多劫難，論命貴乎避劫

上面這句話，似乎是大家學八字的原因，所謂天有不測風雲，人有旦夕禍福，人一出生便要面對著大大小小的災害與危機，八字中又以劫財星為偏星，如果日元本身太旺時，便構成了災劫，甚麼災劫？表面上看去，劫財當然是衝著財星而來的，首先是劫財，但如果其人已經很貧窮，無財可劫又如何？劫財之可怕，就是「有財劫財、無財劫人、無人劫身」。

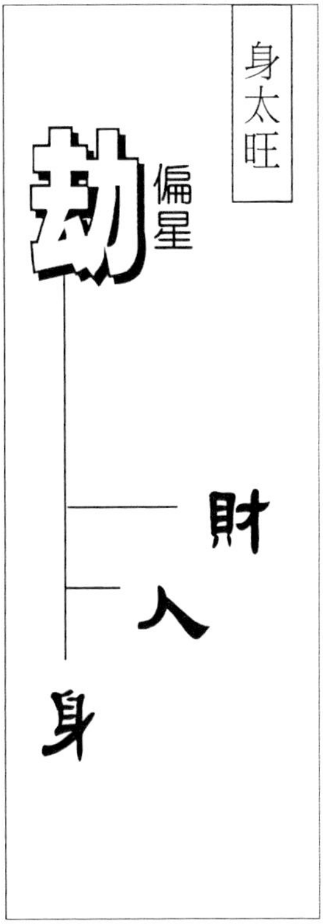

身太旺

劫 偏星

財

人

身

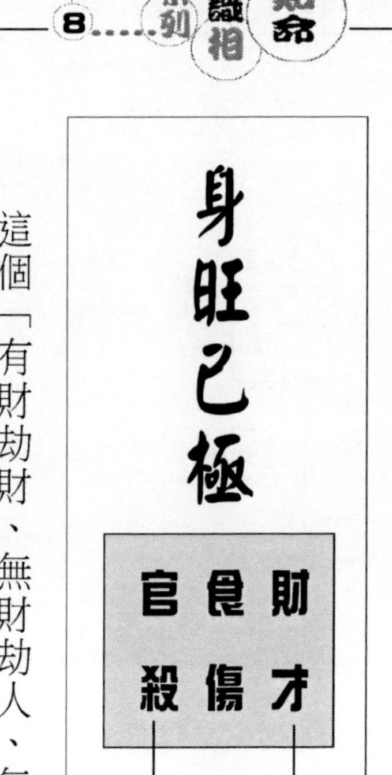

這個「有財劫財、無財劫人、無人劫身」的講法，是我看命的經驗之談，若要詳細解釋，「無財劫人」主要是指命主身旺已極，形成其它六神如財才、食傷、官殺的不足，但劫財不會有情講的，男命女命的身邊人，尤其是伴侶，都會首當其衝，受到劫奪，何解？男命以財為妻星，受劫即感情生變，受到比劫同類所侵入，由此便可理解為「劫人」之說法。至於女命又如何？女命犯劫財時，同樣會受到同類之侵奪，主要是與夫星對抗，若女命本身官殺弱受沖剋，情緣便會受困。

最後是「無人劫身」，這表示這個人既無財、身邊又沒有甚麼重要的人時，那劫財星便會去劫身體了，這時惡病便會出來，大概須要動手術，切走一些多出來的東西吧，如果命中再見印星來助旺的話，那病就會很難好，甚至是破局，以致生命出現危險。

身弱者得比劫幫身

人命八字，不是身旺就是身弱，但不是旺就好，弱就不好，這是字面上的理解而已，一般人聽上去便以為旺比弱好，命理上的解釋與中醫相接近，中醫有所謂「寒底」與「熱底」，這與人命的身弱和身旺，並無兩樣，皆因八字與中醫學都出自易經，因此其陰陽五行的基理都是相通的。

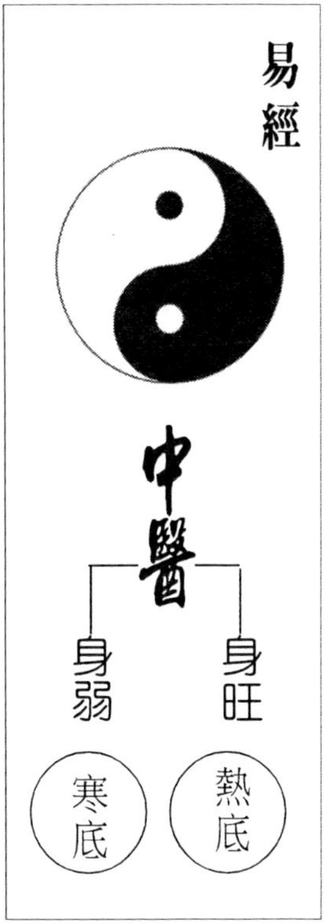

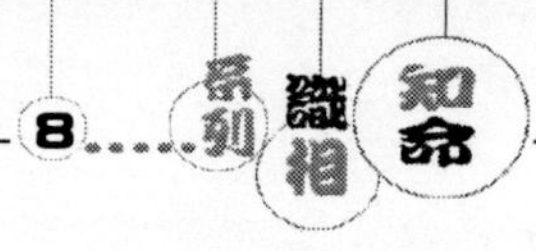

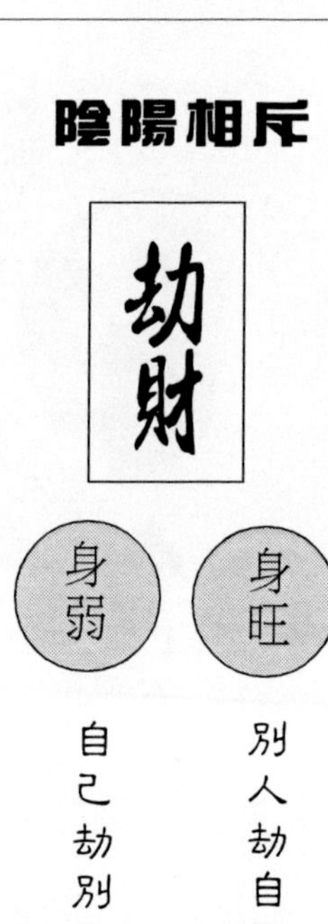

劫財者，有一句話可以讓大家記住的，就是「身旺劫財星，別人劫自己財」，「身弱劫財星，自己劫別人的財」，如此便好記了。大家不要以為去劫人家的財，這人便罪大惡極，世間上就是如此，人人都想盡辦法，以合法的手段去取得最多的利益，在不知不覺間自己已在劫奪中，所謂人在江湖，身不由己這句話就是這樣來。

大家都知曉，八字身弱者最要是直接幫身，這時當然不怕比肩星之助，但劫財這個偏星，始終是陰陽相斥之物，因此也要有所提防，這每見於投機或取巧而來的錢財，例如去年炒得火熱的比特幣和各種加密貨幣，其暴升暴跌，就是一個很好的例子。

這裡有個更易明白的說法，就是比肩與日主陰陽相合，是主正常工作之入息，身旺則是主正財收益，劫財則是意外之財，甚至是投機偏門所得之利益，故比肩和劫財的意義，實與正偏財十分接近。

至於身旺者的比肩和劫財同樣是支出，而比肩是一般家庭與親人的支出，而劫財則是在外面的金錢損失。但不論比與劫，有時所失去的，不一定是錢，有時是物件，還可能是職位，當然還包括了前面提到八字中身旺嚴重的：「有財劫財、無財劫人、無人劫身」。

日主
陰陽相合
比肩——工作入息
劫財——意外之財

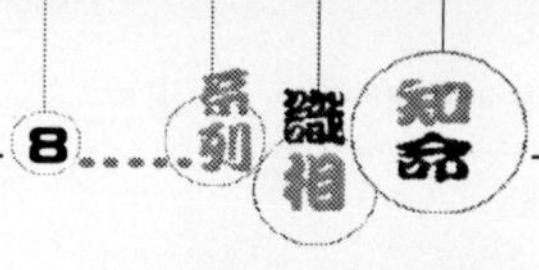

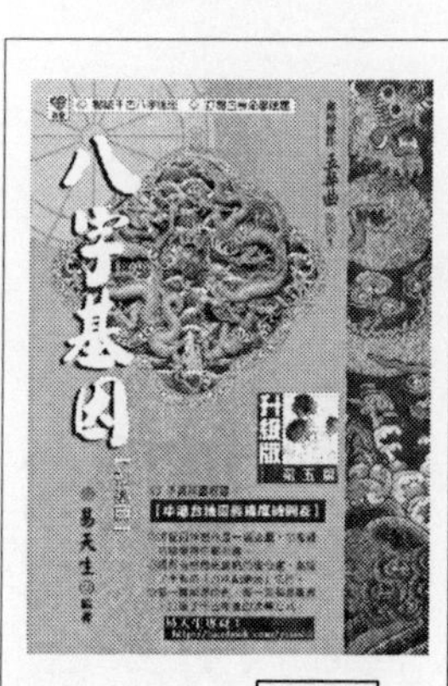

命理操作五部曲系列

參考各種格局

身旺無依

一直很想探討這句命書中的話「身旺無依」，這句是命學名言，但就很少人作過詳盡的解釋，按字面解，是指日元旺到了極點時，其人便會無依無靠。但過中原因如何，其意義尤為重要。

這個無依，主要是八字中的所有六神，都受到影響，才會出現無依這現象，在我們基因學派推命時，有所謂「滿盤印卩不入格局」、「滿盤比劫不入格局」和「滿盤比劫印卩不入格局」等命格，這類命便會有身旺無依的情況（參考作者八字基因一書的所列格局）。

理論上的認知，只有身弱才會無依，何以身強都會呢？其實不管身旺身弱，只要是全局自黨或異黨，又不能入專旺或從勢格者，都會做成命運的無依無靠，這應該無甚差別，只是由身旺形成的無依，是因為財官之氣被盜洩殆盡，更無食傷宣洩旺氣，生活便難有依靠。

另一個情況大家也要特別關注的，就是身旺比劫多，主兄弟劫財，或同輩、同事劫奪自己的財，劫財故名思義是劫己之財，比肩則分財，聽來比較規舉，同樣要付出，所謂僧多粥少，身太旺的人其一生中，都會接近一些搶食爭奪的人，這種命雖不致於身旺無依，但亦接近，身邊少有信得過的人，包括至親好友也不例外。

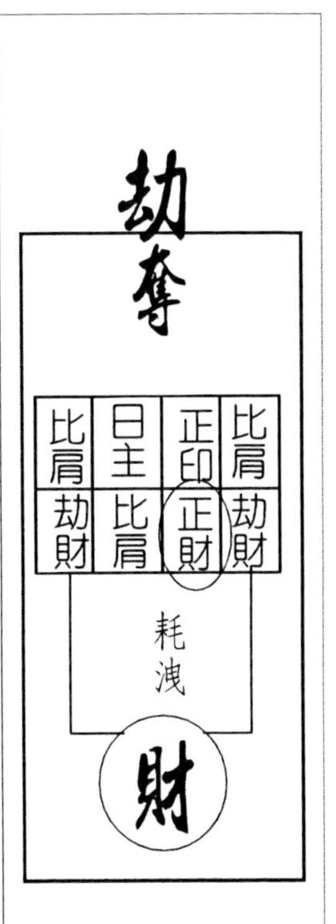

財多身弱

另一種與身旺無依很接近的情況，就是剛好相反的命，比劫印卩皆弱小，或虛浮在天干，為八字無根之命，犯了財星太重之忌，書云此乃「財多身弱」命，多為富屋貧人。

這個「富屋貧人」，寫來很令人印象深刻，卻又似不甚明解，在命書上就提供了一個很簡單易明的解說，指在有錢人家裡打工，或是銀行職員，都歸類於富屋貧人，這雖然易明，但卻流於粗疏，令人不再思考下去，認定當真，其實打工仔出身即使低微，但在「上流」的地方工作，始終出路較其它人佔優，除非是貪心作怪，受不住金錢引誘，做出所謂「穿櫃筒底」的事吧，即使沒那麼嚴重，而財多身弱命者的其中一個缺點，就是意志力薄弱，自己容易貪心受騙和受人拖累，總之就「貪字得個貧」。

我們從財多身弱者這粒偏星裡，得知其人喜歡投機賭博，而且家人中亦會爛賭，從小便受到家庭的影響，尤以偏財父星（身旺比劫多主兄弟），皆因偏財為父，男女皆是，即使他自己不是偏財星多，而是身太弱而正財太多，雖然他自己不貪，但形勢也會把他逼貪，以致逼虎逃牆，孤注一擲，這種例子是屢見不鮮的。

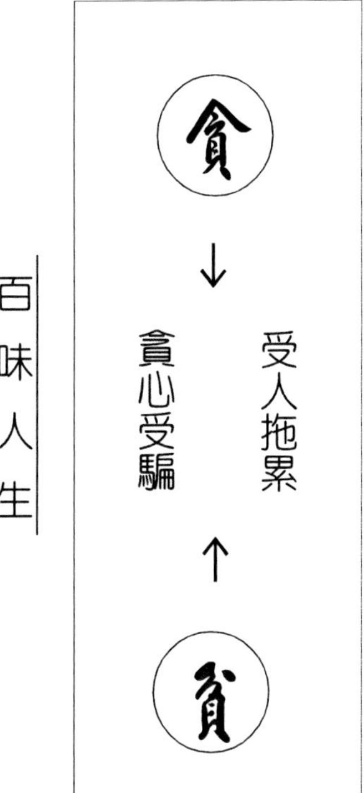

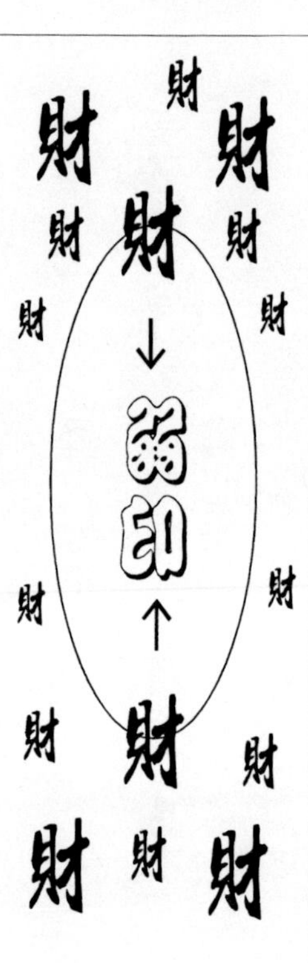

此外這種情況，還會出現在自己的另一半，丈夫和妻子身上，何解？財太重便身弱不堪，無論男女日元都會被耗光，即使幫身比劫亦會受累，除非是印比同來生助日主，這才有生機可言，單單一個弱印，受到命中群財圍攻，亦會投降，這情況每見於因財失義者。

從實際的命例操作上，財多身弱原來不簡單，內裡夾雜著錯綜複雜的關係，人倫、恩義和道德等問題，人生閱歷多了便能深刻體會，因此筆者偶而會慨嘆，金錢真的是「萬惡之源」。

說 氣

八字中的氣

這裡跟大家談一談氣，氣即呼吸，自然是比一切都重要，而八字中的氣亦與呼吸相若，同樣地重要，那我們怎樣可以較容易理解八字中的「氣」呢？

最近看了圍棋的教學，雖然筆者對於圍棋是個初哥，但覺得其對於「氣」之一字，是表現得較為透徹的，因為圍棋的一隻子，就代表了一口

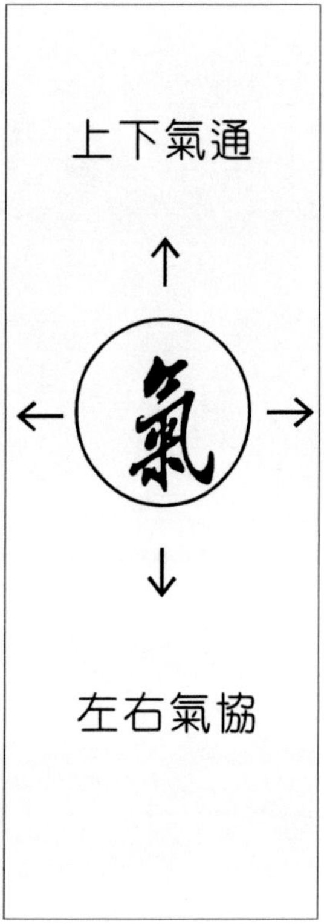

上下氣通

↑

← 氣 →

↓

左右氣協

氣，而為求生存，就不要被對方圍封，走出的氣愈多，愈能暢順，便愈有利於取得勝利。

命理要書滴天髓中有一金句：「左右氣協，上下氣通」，這正正與圍棋所說的氣有共通之處，管子兵法有云：「一氣專定…進無所疑，退無所匱」，也是這個道理。

八字裡，氣最先是從那裡出的？答案是從支下月令出，以決定天時與季度，日主生於那一個節氣裡是關鍵，這是人先天之氣，從這個月令出發，後天之氣便交由月令以外的其它干支接棒了，在本人著作「易氏格局精華」和「滴天髓古今釋法」二書裡，都有較深入的解釋，因二書是互通的，而易氏格局精華裡的「根源流住法」，就是本著滴天髓演化而來，古為今用。

意識與能量

在心理學上時常聽到意識這名詞，至於在八字命理上，這個意識好像很少提及，其實八字命理學是緊貼著心理學的，因此最好對意識也有一點認知。

在佛家的學說裡，有分：眼、耳、鼻、舌、身、意、未那識和阿賴耶識，被合稱為「八識」，裡面包含著十分細微的心理運作，指人的行動和能

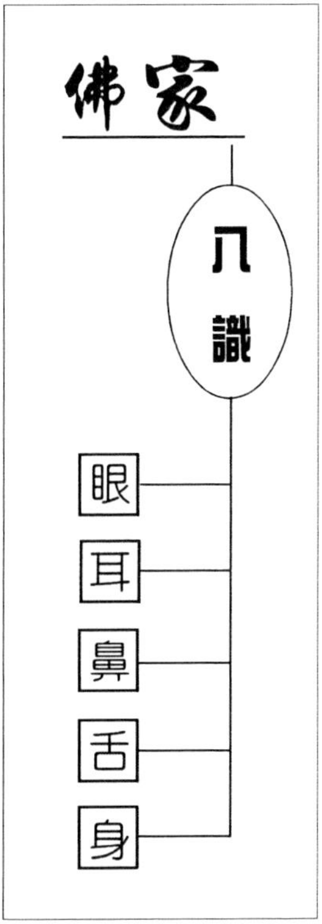

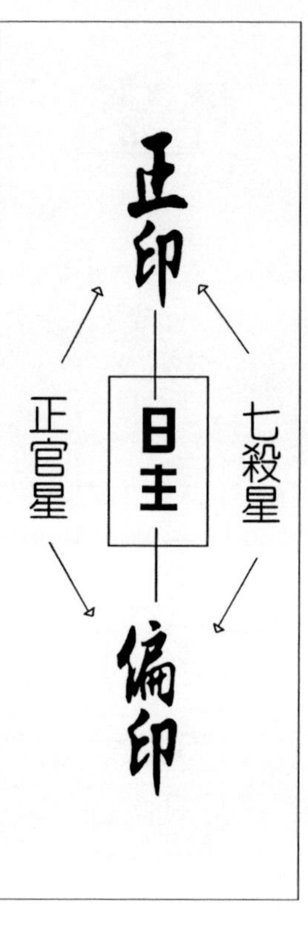

量產生，就是靠這八個識來運作，當中道理頗深，用之在八字命裡著實不易，只能對此有一點認識。

話說回來，在六神中的正印和偏印星，可以說是產生力量的根源，因為印星在六神中，唯一能生日主我，同時又能抵擋官殺星的剋力。故印星又被視為宗教的象徵，正印代表慈悲心，偏印則反映靈動力，很多例子顯示，命中一位正印扶身者，通常都有位愛護自己的母親，也有不少實際情況是，身弱正印在命時，通常都反映母親信奉宗教，故在潛移默化下，本身亦有宗教信仰。

宗教是明顯能帶給人們力量，甚至是影響世道人心，也是未來人類要走的路，何解？皆因近百年來，人類的科技破壞生態環境、戰爭武器、基因改造等等，而佛教便是針對著目前種種癲倒，令人覺悟，讓世界能真正達至平衡。

而佛家的禪修靜坐，亦是開啟智慧的方法，最簡單是在呼吸調息方面，能收到極佳之功效，令人在煩惱中得到平靜與安穩，這在道家的龜息法與玄學的胎息法，都有所啟示，當人能夠進入心靈靜止，進入定境時，吸收先天之氣，這接近於人未出世時在母親胎裡，一片混沌初開的狀況。

禪修靜坐

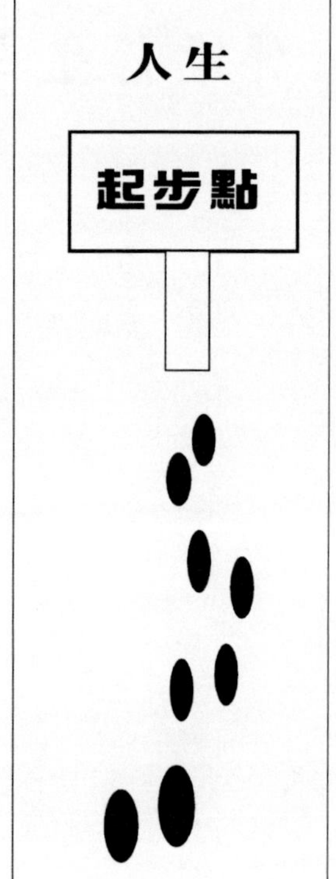

人生路

八個階段

這裡所講的八個階段，與原局中的四柱關係密切，而「大運八柱」是從月柱推算出來，每個人的生月和生日都各自不同，故每人的大運和起運歲數都各異，而這個推演大運的過程，歲數由小至大，超過一百歲命仍可繼續推下去，可惜世人平均壽命都只有七、八十歲，因此大運數都在八柱之間，所代表的時期，大至如下：

當命盤開出來後，首先要看的是批命三件事：

1本命、2大運、3流年

這三件就是批命的首要任務了。

原局雖然能影響一生，但好命還需有好運才能成就，因此命與運是互為因果

大運

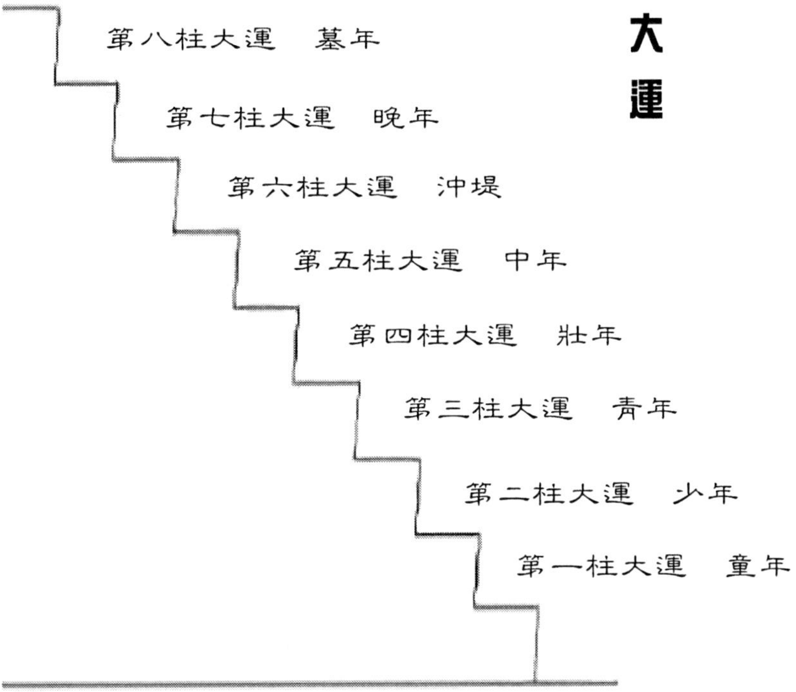

第八柱大運　墓年

第七柱大運　晚年

第六柱大運　沖堤

第五柱大運　中年

第四柱大運　壯年

第三柱大運　青年

第二柱大運　少年

第一柱大運　童年

看長遠事

大運

流年

一年四季

的，流年則是一種外在因素，由外而內地進入原局，產生吉凶起落變化，單單一年，故而不比大運一影響便是十年之深，故看長遠事全靠大運來決定，一年間的升降浮沈，則看流年。

因此，流年是伙計，大運是老板，用這樣的關係來形容兩者，便最貼切了，老板好也得伙計落力，相反伙計賣力而老板刻薄，都是難以成就的，只有二者同心同德，成功方能在望。

八字大運微觀

前文提及了

未上大運　幼年
第一柱大運　童年
第二柱大運　少年
第三柱大運　青年
第四柱大運　壯年

第五柱大運　中年
第六柱大運　沖堤
第七柱大運　晚年
第八柱大運　墓年

墓年
晚年
沖堤
中年
壯年
青年
少年
童年

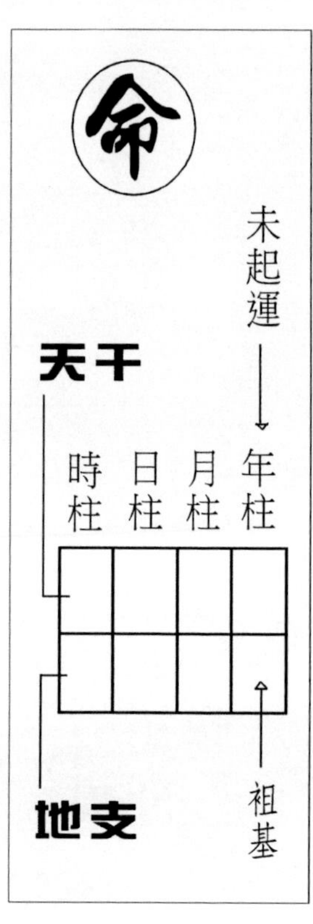

八字命盤一開出來，就有八個字，因此命名為八字，天干地支各有四個，如此構成了一個命來，而每一組干支都有不同的配置，反映出不同的人命，開出命盤的第二步，就是要從月柱父母宮推出各組大運來，這代表人命每十年便有一個變化，如果人命八十多歲，便起八組干支數。

幼年是尚未起運的一段時間，一切受著父母的支配，所以看年柱，年柱是代表著人的祖上和根基，如果年柱是喜用神，幼年便會聰明成長，家庭環境良好。

看幼年運

看幼年運須注意的是甚麼？首先是家庭背景，這個是必然的，幼年家境好的孩子，每多身旺財透，年柱是比劫星，早年又行財才運，故而身邊物質充裕，如果身弱見比劫，這種命亦會有充實的環境，積極勤學，家境良好。年紀小小便已努力讀書，懂得自律，積極求取好成績，目標是在未來取得功名利祿，並保持能步步高升，不走下坡。

相反地，身弱財透，年柱行食傷或財才運，於是環境條件差，生於低下階層，欠缺了求學資源，本身亦散慢，故而沒法打好基礎。

幼年

身旺

財透

	日元		**財**

財才運

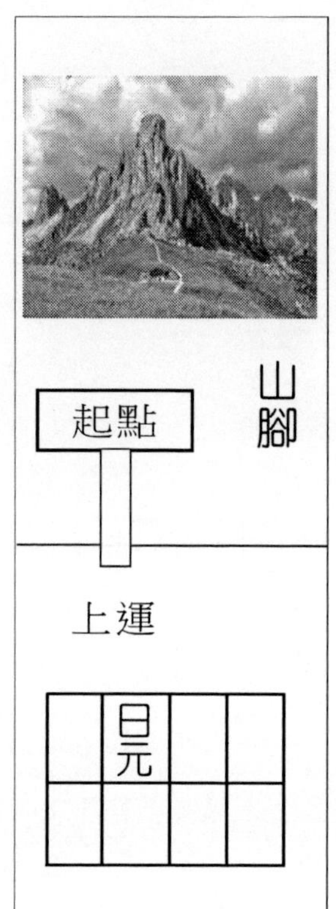

行山論

如果人生是一個上山落山的過程，那第一柱便是了，山腳基本上是平坦的，不會行得太艱辛，這就如幼年時一切都有父母照顧，生活得到安排，自己便隨著大人的步伐，漸漸行近上山的路。

在八字命理的大運起點上，是每個人都不同的，有人一歲上運，也有人十歲上運，這全由其人的月柱推演出來，亦即由父母宮而來，都是表現於童年運。當計算出自己幾歲上運時，便由此歲數入運，入第一柱大運。

第一柱大運：上山　童年

每個人也經歷過童年，應該都是大同小異，在家裡成長，在學校讀書，除非你的八字和首運都與別不同，只是家境與成績各有差異而已，在很少的情況下，才會有沒書讀，沒有家的孩子。

現在的孩子為了贏在起跑線，很早已須要競爭，但以十多歲的年紀來說，除了要讀好書之外，便是要有適當的玩樂和學習，而童心和好奇心亦很重要，這對成長有著直接的影響。

因此這個運的本質，就落在食神和傷官星之上，這是一種抒發的狀況。

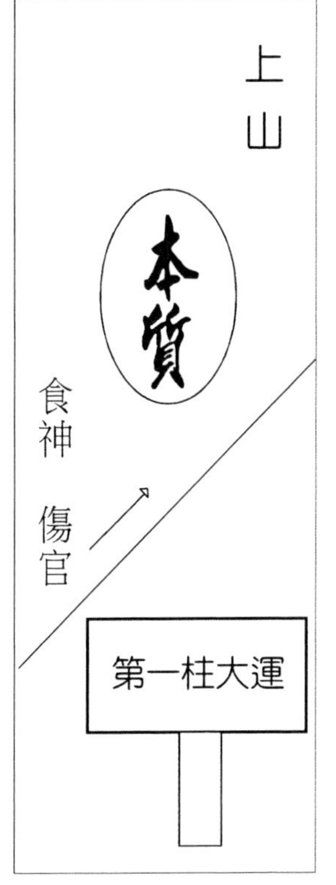

第二柱大運　少年

當進入第二柱大運時，這個人已經由小童變成青少年，進入青春期了，所謂青春無敵，相信是每一個成年人都懷念的，試問那個年輕人不是少年輕狂，享受著快樂的人生，因為他們有的是未來。另一個快樂泉源，便是年輕人的初戀，也是充滿新奇與刺激的，於是食傷生財便正合乎這時期了。

在這個時期裡應該是多姿多彩的，但另一方面，亦有不少迎面而來的挑戰，其時須面對讀書考試，要為未來而拼搏，在這個階段裡要經過連番考驗，令壓力大增。

雖然如此，少年人都好玩樂，自有減壓方法，反而父母會擔心子女在反叛期帶來的衝擊，皆因這時的孩子很易與社會、學校和父母產生對立。

第三柱大運　青年

人生是一路往前踏步的，在不知不覺間，便會到了人生第三個階段，也代表著第三柱黃金期，在二、三十歲這個時期，可謂風華正茂，剛完成學業，踏入社會，積極進取，不怕艱難，只管向前衝，用盡每一分力量上進，這階段充滿了挑戰性，面對著人與人之間的競爭，來自事業上和愛情上都

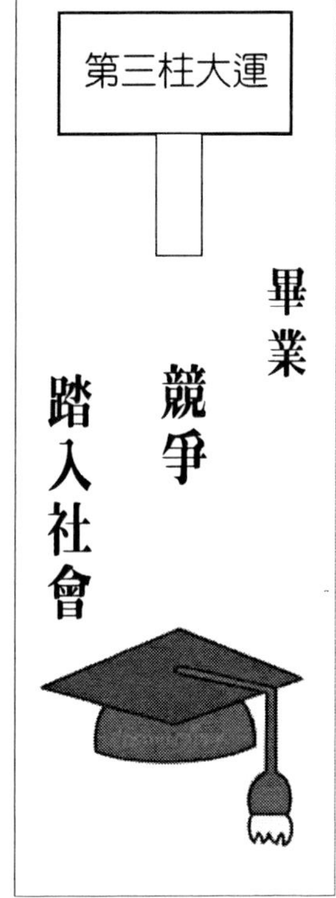

有，因此須要拿出真本事來，相對地壓力也大大提升。

還有，這個第三柱大運裡，沒可能不計較經濟的，因為人開始長大，接下來便要為結婚、買樓和裝修等現實問題費心思，組織一個理想家庭需要錢，所以這個運應以財為主導。另外官殺星亦很重要，因為讀書有所成就，取得功名，將來的出路自然比別人好，這方面便要看是否官印相生了，命中有官印而又在身旺身弱上取得平衡，一般讀書都不錯，能考上大學，取得好成績，沒有正印而身弱者，縱然有正官，對讀書亦欠缺方法，身弱七殺無印，更是誤打誤撞，成績高低不定，因為有印星便有貴人導師指導，能打好學業的基礎，注意亦有些身旺喜食傷吐秀的命，也會輕鬆取得優異成績。

第四柱大運　壯年

人在壯年首要看的星，就是官殺星了，正官是正星，自然是看高一線，一個人循規蹈矩，堅守崗位，一步步踏上人生的舞台，建功立業，當然七殺也可以建功，但就難免鬥爭火拼，如有食神制殺則可以轉化成破舊立新的開拓精神，如配合正印，化殺生身，成殺印相生更佳，主威德並重。

看人在壯年能否入得大公司，享高薪厚職，全看身弱命殺印雙生，或身旺命財旺生官殺，先看看財官印是否佔著主要位置，即這星是否得令，其次看其有否通根出干，力量主導全局即是，故看命要先定格局，財才格每優於

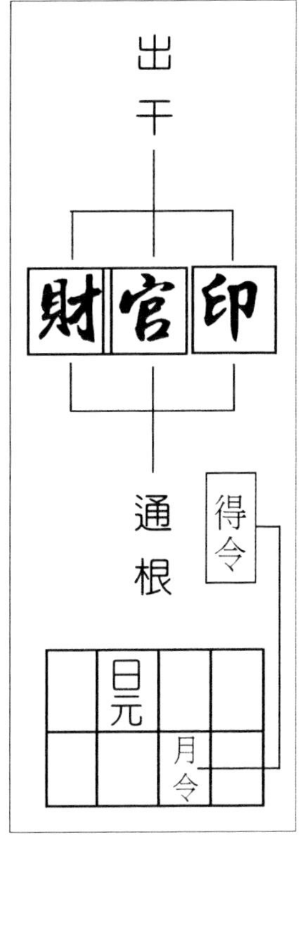

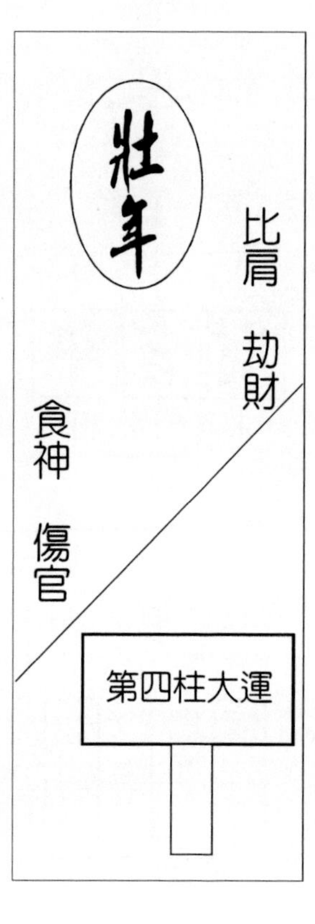

理財及經商，官殺格善於管理和領導，印卩格便長於教學與輔政。

那麼其它如食神和傷官，比肩與劫財星在命，如能成格成局者，亦能發揮所長，食傷格喜自由與文藝，比劫格則強於競逐和創立。

人在壯年能否跳出打工仔行列，開創事業，這問題一般都要看其人的大運，行得原局中之喜用，便人人均可創業，創與不創只是性格問題而已，一般看法是命中七殺星和劫財星為喜並成格，且高透而得歲運相助，故喜開創功業，因其人敢於冒險犯難，不畏世途艱辛，勇於自己做老板，其中原因與七殺星功高振主不無關係。

正官與正印一般都會較為穩重，不喜爭功，踏實地去幹，更主明節保

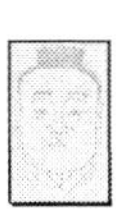

身，永不會站在危牆之下，而是立於不敗之地，凡事都跟規矩辦事，官印相生得用者就是有這種特性。

至於比劫配食神得用者，每於自由職業上取得佳績，例如表演藝術和學者便是，傷官配印格者，每見於身份尊貴的行業上，其次亦會是位知名的設計師、教練、導師和學者等。

至於賺錢多不多，主要看命中財星，即使命裡沒有，也望歲運齊來，只要是身不太弱，便能夠財來自有方。有些人真的會命中無財都會發達的，這又當如何解釋？這類人多為滿盤印卩比劫而成專旺格的命，入了特別格局時，比劫也可當財星來用，但這畢竟屬於少數人如此，並不多見。

特別格局

專旺格

比肩	日主	正印	比肩
劫財	比肩	比肩	劫財

特別格局

財

第五柱大運　中年

人到中年，名利故然重要，因為家庭的開支特別大，何以故?大家可以想想，人到了中年，如果是有了兒女的，便需要為他們供書教學，但不要忘記，自己還有一對高堂父母，需要你去供養，若是男性，妻子有機會放下工作來主理家庭，單就這三點，就有難以預算的開支。

現時很多人每月都有另一筆開支，就是各種各樣的保險供款，供車供樓費用更無可避免，還有父母的醫藥費和子女的書簿費，這兩樣開支也走不了，似有數不完的金錢壓力，即使不作娛樂花費，亦難以應付，這就是人到中年之苦況。

說到這裡，不止讀者會覺得有點悲觀，連筆者自己也覺得，但這個卻是事實，人往往就是如此走來和走去，這是現實的人生，不是大家想像出來的虛幻電影情節，是每一個人都要面對的。

因此，在第五柱這一運裡，為了金錢與權力，人與人的關係變得緊張又緊密起來，而人性醜惡一面也會被逼出來，為了爭取到自己最佳的位置，我們會為權力而鬥爭，為身邊的人而作戰，而且是自己人生終極一戰，輸了不

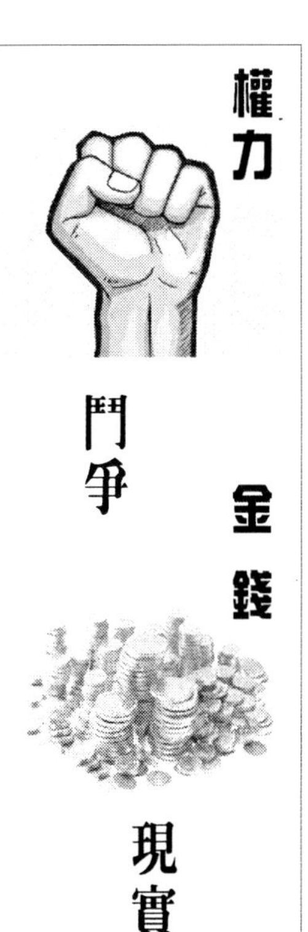

單止是自己的事，還要倍上一家老幼，因此，人在這一個時期裡，會不斷往上爬，把其它人往下壓，但又有誰能做到在一人之下，萬人之上呢？這個又是命與運的問題了。

第六柱大運　沖堤

當你好不容易捱過第五柱大運，不覺間已來到第六柱，這時候仍上有高堂，下有子女仍要供養，但父母親也差不多要走了，子女亦開始長大，你的樓快供完，似可於第五柱大運火線光榮引退，只可惜，這一副勞累損耗已極的殘軀，還走得多遠呢，看著第六柱的沖堤大運，是否得到平靜安穩呢？坦白告訴大家，這是一個天剋地沖，毫無保障的人生大關。

人行到第六柱，大約在五十來六十歲間，應該是回望自己人生的時候了，一切都歸於轉變，因為第六柱天剋地沖是每一個人都會遇上的，所有人都避不了，可謂人人有份，絕不落空，原因是大運由月柱父母宮推演出來，起運歲數以陽男順推，陰男逆推，陽女逆推，陰女順推，且不去追尋這個推演方法從何而來，人命由父精母血的精卵交合產生，看看上運歲數，每個人都不盡相同，這不重要，最重要是人在這個運裡，都要面對幾樣很嚴重的問題：

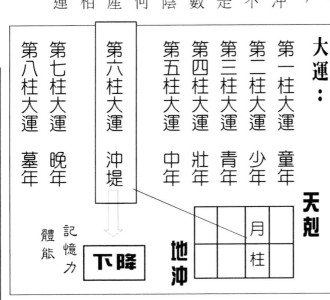

大運：

第一柱大運　童年
第二柱大運　少年
第三柱大運　青年
第四柱大運　壯年
第五柱大運　中年
第六柱大運　沖堤
第七柱大運　晚年
第八柱大運　暮年

天剋
月
柱
地沖

下降
記憶力
體能

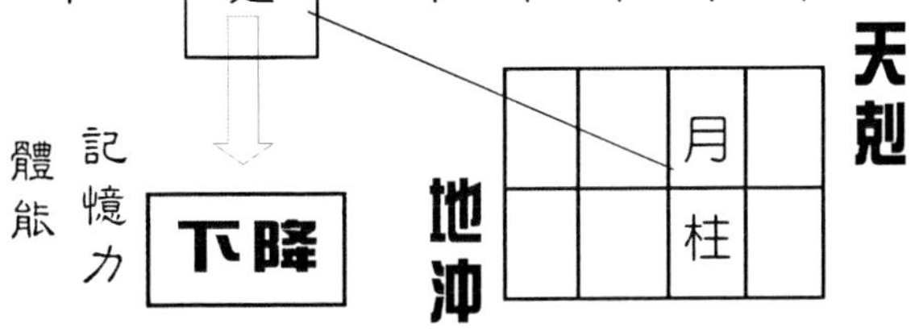

父母　體能
人生觀　**五點**　工作　朋友
記憶力　子女

1父母多數會在這個運離世，大大影響到命主的人生觀。

2子女長大，漸漸獨立，他們不會留在自己身邊，子女各自建立自己的家庭，生兒育女，於是便少了接觸。

3長江後浪推前浪，工作崗位再不能保持了。

4記憶力和體能漸漸下降，視力亦差起來，活動能力大不如前。

5身邊的親人朋友和熟悉的人，會一個一個相繼離去。

可能還有其它的情況，單就這五點，便足以形成天剋地沖的人生變化了。

第七柱大運　晚年

第七柱，這個時候的人，會分成兩大類，一邊是保持活躍型，另一邊是歸於淡靜型，這裡並不分那邊較好，只看八字是適合那一邊。

當一個人進入六十多七十歲時，已經開始體力和活力同時下降，八字若吐秀即身旺見食傷，多為活躍型，身弱見印，則多為淡靜型，這時不論是喜是忌，身旺身弱，都不宜見到太強的七殺，如大運七殺入命，便會引起身心的壓力，亦忌見沖，沖亦是反映老人身體產生意外，尤以兩者齊見為甚。

此外身心的健康，飲食的注重，都是本運的首要之務。

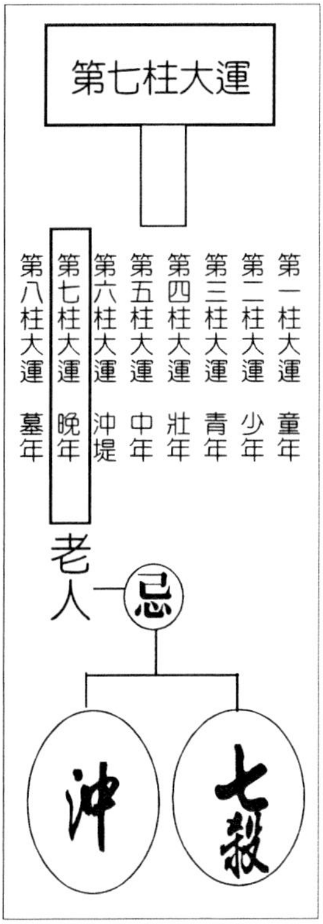

第七柱大運

第一柱大運	童年
第二柱大運	少年
第三柱大運	青年
第四柱大運	壯年
第五柱大運	中年
第六柱大運	沖堤
第七柱大運	晚年
第八柱大運	墓年

老人—忌

七殺　沖

第八柱大運　墓年

人生到了墓年，已是個八十過外的古稀老人了，這個時期還能做甚麼？不單止身體的功能大大衰退，在社會上的功能已歸於停頓，人到了這時，是否已經毫無存在價值呢？

人回顧過去的人生，或多或少總有些貢獻，絕不可能是完全平白渡過的，只是有人多些有人少些，而人到暮年，最重要的是甚麼？很自然會想到身體健康，這當然重要，但此刻的人身心智力都正在退化中，很少有人能夠仍然強壯的。在風燭殘年下，可以做的事實在很少很少，只要能保得住健康愉快地生活，便是好日子，至怕人到墓年還要為家中大小勞心費神，身不由己，即使是個富有者又如何？這時候都歸於平等，殊途同歸，過往有多少豐功偉蹟，多少愛人、財寶與樓房等，通通都是帶不走的東西，有句佛家名言「萬般帶不走，只有業隨身」，就說明了人生快到盡頭的一種反思，這話對不少人來說，或有警醒作用。

某天學員曾志玄拿來一個男命，是89歲的老翁，他說是早幾天自然過身的，入院只幾個鐘便走了，不用挨開刀插喉，心肺壓等痛苦。

他提出來是想討論一下，這個壬寅年過身的老人命。

命盤如下：

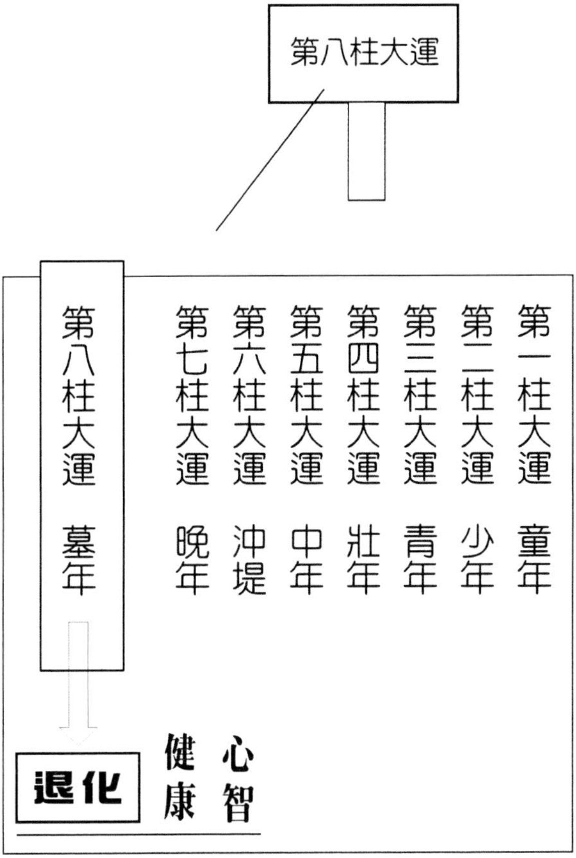

第八柱大運

第一柱大運　童年
第二柱大運　少年
第三柱大運　青年
第四柱大運　壯年
第五柱大運　中年
第六柱大運　沖堤
第七柱大運　晚年
第八柱大運　墓年

退化　**健康**　**心智**

傷		殺	殺
辛	戊	甲	甲
酉	寅	戊	戊
傷	殺	比	比

運	年
癸	壬
未	寅

身弱
喜
火土

82	72	62	52	42	歲
16	06	96	86	76	年
癸	壬	辛	庚	己	
未	午	巳	辰	卯	

從來便少有研究老死一事，不太值得，花時間去算一個人幾時老死，不如把時間放在有生之年，這才不會白費心力，不過偶而討論亦無傷大雅。

此命壬寅水生根，木太旺盛過度，但都已經老至89歲，怕沖亦怕氣太虛，而且身衰見殺根，雙殺齊透，被歲運癸壬二水生旺，日元衰極，書云：「老來日元至怕七殺持勢」，人到墓年怕七殺之沖剋，是必然的，而年輕力壯見七殺無制者，亦不見得好到那裡，身旺身弱都易惹禍端，只是受者是你，還是你身邊的人而已。

生命將盡，是自然往生還是惡死

相信這個話題很少人會去細想，八字命理亦好像從來都沒有人去探討過，這也是人之常情，誰個願意去研究自己是怎樣老死，最好是長生不老，看自己多長壽，在生時能享多少福祿，至於怎麼死法，最好能逃避便逃避，不去想它。

人的生死有命，是怎樣也逃不了的，倒不如正視之，所謂人的生命不在乎長短，只在乎精彩，我在過去的文章裡亦有講過，基於此，在這個話題上略作探討，相信也是值得的。

先講死得很辛苦，甚至是惡死的命，除了遇到意外身亡，得了重病而展轉受到病魔的折磨，又不能安樂死，這種求生不得，求死不能的情況，在八字裡可以看得到嗎？

八字受到七殺的攻伐，但因身旺有印星，便成了一種阻礙，就連順順利利老死都不能夠，要一路受著病魔折騰，如果是單單的印星生旺仍好，遇到七殺時，便是要做手術，飽受血刃的恐懼，這令人除了肉體外，精神上也受到摧殘，實在可悲，而命見羊刃亦不會好，同樣是要經手術折磨。

因此，人到晚年最好八字得一「靜」字，八字安靜比甚麼都重要，人到最後還要很多的錢、愛和名利來做甚麼？都沒有意義，慢下來，好好享受內心的平靜，外在的安寧，原來這才是最有價值的。

八字沖剋往往造成環境與內心的不安，當一個人好不容易才渡過第六柱，經歷過了天剋地沖後，大多數會醒覺到，生命有限，人生真的不要再那麼「衝」，慢下來享受生活，享受與家人的相處，關心社會，關心世界，啟發思維，這才是步入晚年之路。

筆者發覺一切原來都像莊子、老子和佛家所說，能夠看透世情，你的心方能「靜」下來。如此說，這個「靜」，到底是如何從八字呈現出來的呢？靜，當然不要沖，更怕沖了又再沖，即第七柱不沖是先決條件，其次還要合，合喜用神，即使是閒神合，合而不化都無所謂，因為合能解沖，合者包

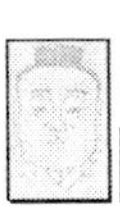

括了天干地支的各種相合，只要不是合忌神剋身就可以了，只因合忌神在年老，很多時是反映惡疾，障礙身體機能，身弱合忌神身體會極度虛弱，精力將漸漸耗盡，身旺合忌神，則會成為身體機能上的閉塞，或是大腦阻塞，成老人痴呆等症。

合得喜神的命，會一家得到和樂，安靜的境界，健康亦有保障，如果一直處於合而安穩的八字狀態下，即使是生命到了盡頭，也會很自然地離去，我們可以看到一些例子，不少修行人，是在打坐和睡覺中，不自覺地離去的，也有不少藝術家，是在創作程中倦了閉目便走，張大千，唐滌生和手塚治虫等大師便是，他們一點痛苦和恐懼都沒有，祥和地往生而得善終。

人的八字在最後都正在行運當中，沒有遇到沖刑合忌的歲運，反而是命中合喜而安靜之歲運，才能會去得如此安詳，這應該不單單是命運的操控，而是自身過去在人世間的修為所至，大家不防細心想想，自己在世時，有沒有做過一些公益和善行，這會是人能否善終的關鍵。

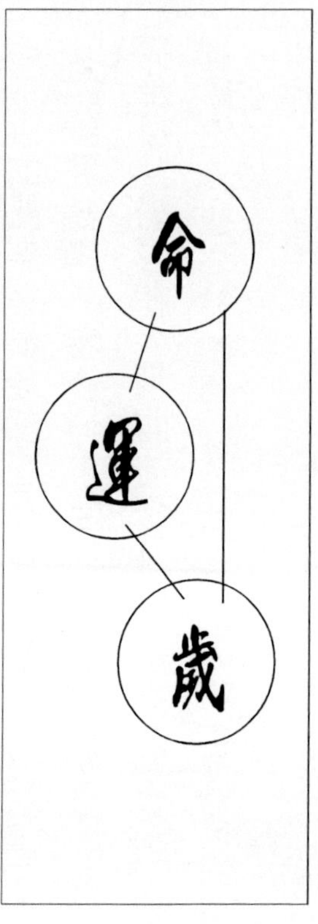

命、運、歲三者的關係

在八字中的大運與流年，我以往是用「大運是老板，流年是伙計」來形容的，但這個比較簡單的說法，時至今日好像已未能滿足大家了，最近聽到一位學者說：

「一個好的人在壞制度下，都是做不到好事，只能做壞事」

「一個好的制度，就算壞人入去，亦惡不到那裡」

如此便比較透切了。如此便可引伸成：

「一個好的命在壞運下，都是做不到好事，只能做壞事」

「一個好的運，就算壞命進入，亦不會太差」

大運是一個較長遠的時期，流年則是一年光景。大運與流年都是各自進入原局，影響命主是時間的長短而已，兩者性質其實相近。或者可以這樣理解：

「原局是人的本質，大運是環境制度，流年是世局變化」

如是者批命時命運歲三者的重要性，便可以更顯明了。

看八字的順序應該是，以原局為先，這等如是人的成就高低，再看看每十年一組的大運，以察知那一段時期可以發展，最後是流年的影響。

原局　人的本質

大運　長遠時期

流年　世局變化

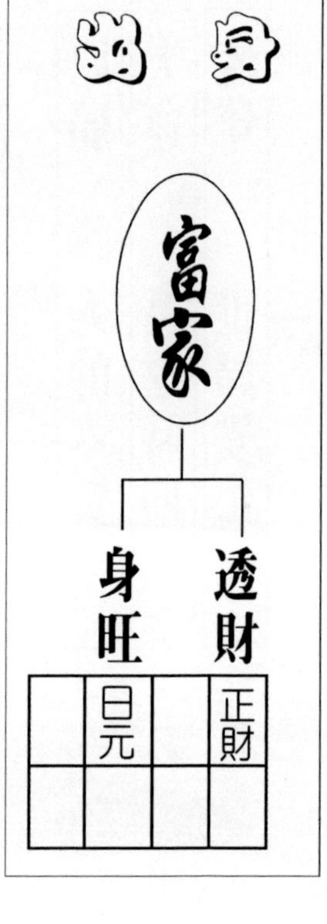

古書術語釋疑

得天獨厚之命

誰不想一出生便在富家，做個富家子弟，多麼好，當然這要講命水，因為世上大多數人都是生於普通家庭，條件有限，有人甚至生於低下階層，住在板間房甚至籠屋，連書簿費也買不起，造成所謂的跨代貧窮。

似乎投胎成富二代，是一般人的理想共識，一出生便過著富裕的生活，這在命理上也是有蹟可尋的，這可以先觀其人的全局，身旺命透財星且有根，再初年運行食傷財才，便能夠旺到父星，如果財星在父母宮的月柱，更加可以肯定其家境富裕，再加個官殺，便是個權貴顯赫家族的後代了。

我們來研究一下，得天獨厚中的這個「厚」字，厚在字義上，大多數是正面的，似乎是每樣東西，厚總比薄的好，如果在八字上，到底怎樣的命才算厚呢？首先命要有根氣，最重要是月令之氣，其次是年柱，月令為父母宮，年柱主祖上根基，如果命中年月二柱都屬喜用神，其人自必根基良好，得天獨厚。

我們加上一點想像力，便可以發覺，身弱的命如果能得到印星的生助，日主便能夠厚起來，而永遠給人的感覺是命苦的，就是那些很薄的命，厚的

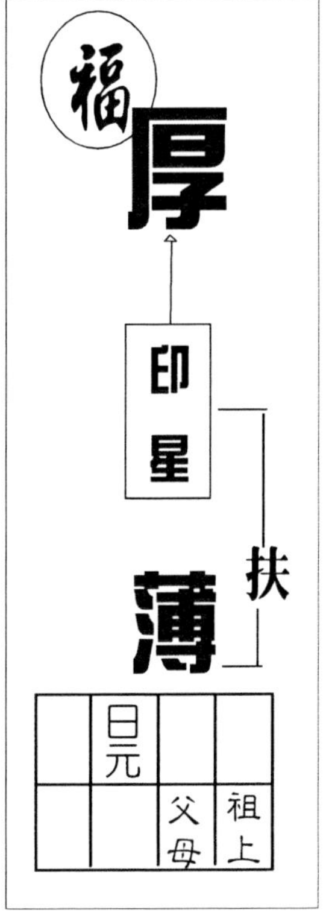

命多數是家財豐厚，因此身太弱便要扶，作一定程度的扶持，由薄轉厚，其人便能中和發福了。

那麼身旺過甚者，再加厚而成旺越其度又如何？這當然是不理想的，這應該不叫厚，太厚便會變成滯，繼而造成阻塞，反而要減厚，亦即要稍薄一些，令氣能疏通，所以不要一概而論，看命就須要靈活變通。

最近看過了兩個命，一男一女，就是正宗的得天獨厚命，先講男的，他生得一表人才，少年時內地出生，受內地教育，來港後讀法律，現在是位執業律師，打算在未來創業開律師行，而另一位女性，在醫院裡任職，剛剛考到了專科醫生的資格，男住九龍何文田，女住香港貝沙灣，坐擁港九三元不敗的風水旺地。

目前他們兩人發展成情侶，而且打算結婚，兩者的力量相加起來，相信會更加強大，反觀他們都是有著很不錯的條件與背景，早年得到家庭支持，且讀書有成，人生大道都已經舖開，只要努力前行，便能上大運，這很明顯便是真正得天獨厚的命，相信不會有人反對吧。

命如紙薄的命

有句話「命如紙薄，心比天高」，不管其人心高不高，但只要是命如紙薄，便已是判了一個人極刑，命厚主要是身弱得印來生，那命薄便是日主身弱，食傷洩氣過甚，再見地支相沖，令根基更加淺薄，於是便形成弱不堪扶之命。八字的單薄，代表六親無靠，早年已健康欠佳，男子命薄便難有功名，女子命薄便難得好婚配，每多沒親人，孤苦伶仃，這也是命薄之因。

此外命會愈沖愈薄，所以八字最好不要多沖，尤其是天剋地沖，否則即使行到歲運喜用時，亦會因太多沖擊，會有福也無法消受。

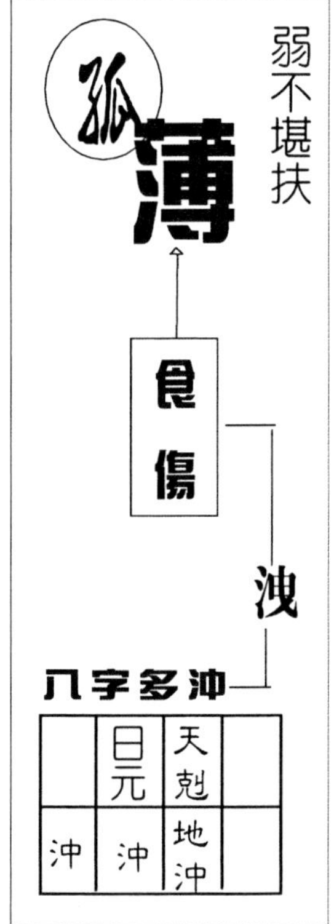

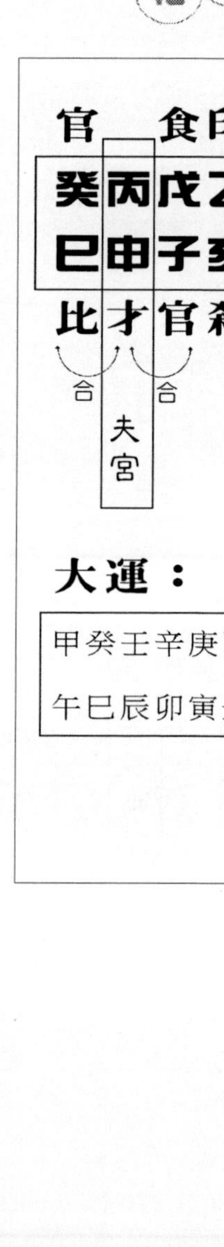

女命若見太多官殺者，亦為命薄命苦之人，女子以官殺為夫星，如果身太弱，本身就擔不起夫星，甚至會受到男性的欺凌和控制，甚易成為家暴的受害者，除了印星，沒有其它可以解救，比肩來助亦會因受眾殺之剋制而成戰鬥之局，很易會兩敗俱傷，試舉一命例（見圖）日元屬火，用神為乙木。

此女命正正是官殺佔全局，地支左右皆合化成官殺局，滿盤官殺命中必須見印，否則便會受到壓逼和欺負，多數是在讀書時遭到欺凌，長大後出來做事，受上司和長輩的打壓，個人抗爭力不足，因而受到欺負與控制。

看本命例幸好仍有一位印星透出，故能化解官殺之重剋，但因歲運之剋合印星時，亦會出現劫數，這一點必須關注，且待往後文章再專題探討。

官多變鬼

在八字裡有一句很奇怪的名詞，叫「官多變鬼」，意思是指，正官太多便會變成七殺，古時稱七殺為鬼，故有官多變鬼之說，這時正官也會變成偏官（七殺又名偏官），官多者要身強，身旺官星為男人功名和規管，女人則為丈夫與貞忠，都十分重要，但若身弱官星太多時，便會變得比鬼更可怕了，這又從何說起呢？怎麼好東西一下子會變了壞份子呢？相信搞不明白，大家都不會安心的。

其實如能不用單一思維，大家都會明白，正官是規範與約束，試想一個

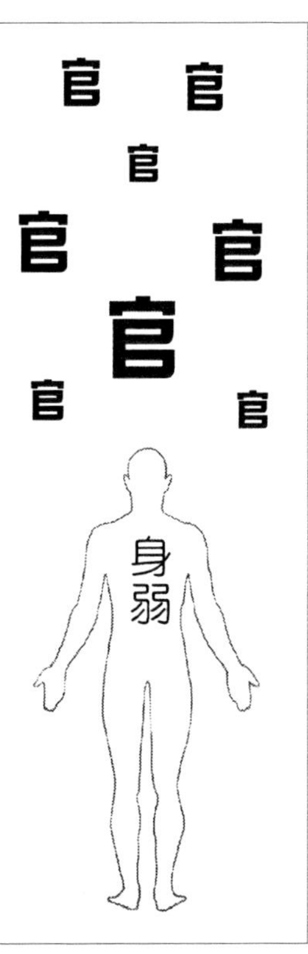

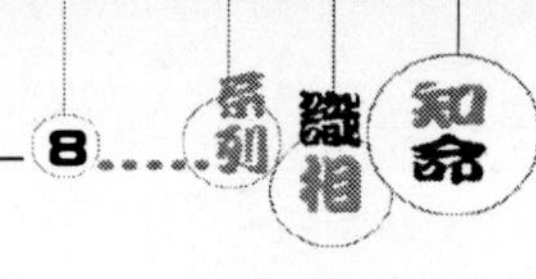

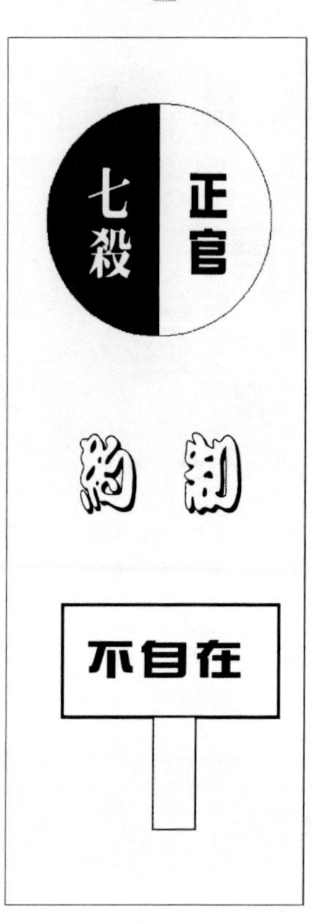

人有太多的制約，不論是被別人制約還是自我的制約，都會令自己寸步難行，身心的束縛過甚，更會出現不平衡現象，以致內心得不到輕鬆快樂，這情況在基層打工仔一族中最易見到，他們活得一點也不自在。

其實古人說這官多變鬼，並不是厲鬼，而是指七殺，但就用了鬼字來嚇人，要人見字而心生畏懼，不敢忘記。至於說正官太多變成七殺，則反映一個人內心有太多壓力，不能舒解時，很易會構成心理甚至精神的疾病，七殺的害處是難以預期的，故從來都要小心應對。

我們或者在對立面看看，易位而處的便是食神星，食神是日主吐秀的吉星，它主要功能是壓制七殺，制住七殺，所以在命書上的「食、官、印」，被合稱為三吉星。

食神星在日主強旺之下，是一棵逍遙自在的星，它又是代表著享受，又富學術精神和藝術感，也由於它能制伏七殺，成食神制殺之格局，在古代，是指能夠操生殺大權者，現代人則會於大機構掌管權力，拓展新領域的高級要員。

食神星在身弱的人來說，便會因洩氣過甚而元神虛弱，這時候同樣要用正印扶身，因此，命書三吉星，筆者會以「正印」為首，總之人命身弱時，印星便是寶。

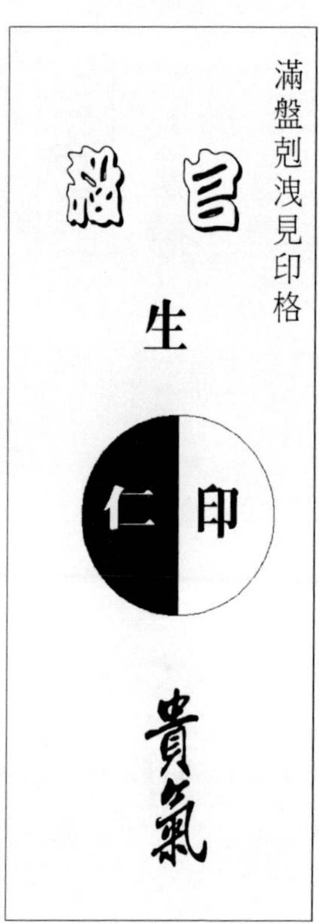

衆殺娼狂，一仁可化

常聽命書說到一句「眾殺娼狂，一仁可化」的話，主要是指命中多一「仁」而可化解官殺之剋身，意指獨透一粒印星便是，這相信大家都不易理解，但這引伸出來的情況，命書和前賢們便很少提及了，其實是涉及了兩種很極端的命格，即「從格命」和「滿盤剋洩命」，日主身極弱，弱不堪扶時，見印便成「滿盤剋洩見印格」，有了一個印星，便不能當入從殺格或從格命，這點一定要十分清楚，因會官殺生印，印生身，這反而成了一種有貴氣的命，這在我的八字基因增強版中，便有所補充，更加入了不少例子。

最近看過的一個男命，此命全局為才殺傷所佔，如果不是透了一個偏印，便肯定入從格命，現在就成了「滿盤剋洩見印格」，學八字的人遇到這種情況，有很多都未能作出明確的判斷，而事實上也因而產生很多的誤判。

命中的異黨官殺印星，乃三行順生有情吉象，能夠循環相生，令日主最終受益，即使有多少官殺，命主仍然會有運，這類人會有官殺的權位，甚至得運助而成為一個很有成就的人物。

再細心地思巧，這是否必然的呢？這個單一的印星，如無官殺的保護，就很容易被財星所剋制，因此這種命也要視乎印星的位置，如落在一個不理想的位置，便會很易受到攻擊，而成破格，但只要印星一日沒有被合去或剋

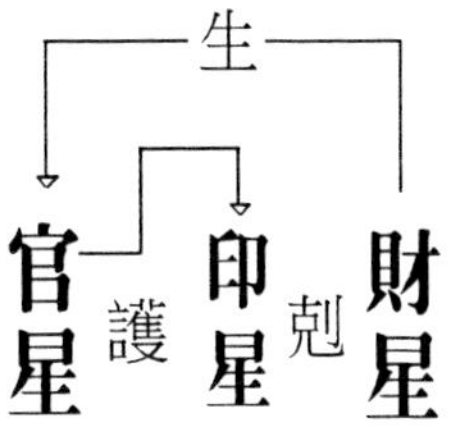

財星 —剋→ 印星 ←護— 官星
財星 —生→ 官星

己	癸	乙	辛
未	酉	巳	巳

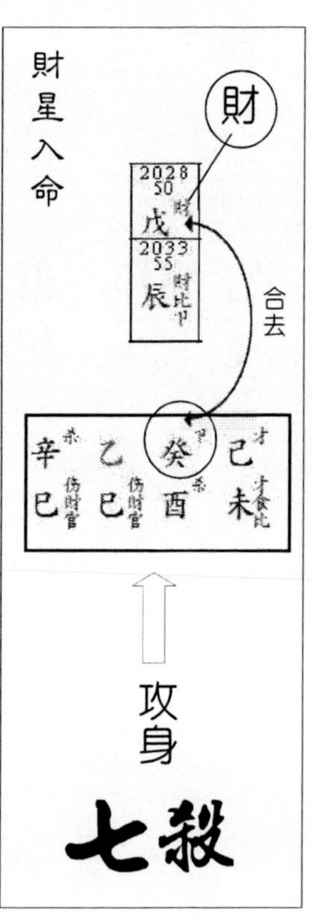

死，仍然會受到守護的。

上述男命，是一個較差的例子「滿盤剋洩見印格」命：（見圖）

本命的癸水偏卩高透，才旺生七殺，且得巳酉雙合金七殺，殺旺生印，故而早年得運行壬申，得天獨厚，基礎良好，有學歷，高薪厚職，又掌權在位，雖然滿盤偏星，思想行為都偏激，但前半生卻沒太大影響。

如果細心的讀者，會發覺到其大運行至戊辰時，便會引發出巨大問題，因為戊土財星入命，合去了命中此唯一的吉星癸水，成戊癸合而不化，而地支辰土入原局與酉金合成七殺局，本來原局有癸水偏印轉化，但如今失去了癸水，因此命局強盛七殺便來攻身，惹禍招災，在所難免。

或者有人想知，此人會惹了甚麼的禍，這可從其戊土財星入局，合住喜用神癸水來判斷，不是女人便金錢，其命見年柱偏財連根成忌，惡根早種，中年貪女色而影響婚姻，不難推想得到是「桃花劫」，色難更會在偏財之年出現。

衆劫娼狂，能否：一洩可化

這個「眾」在八字命理上，是有條件的，不可以一概而論，大家有時會很易混淆，例如命中滿盤比劫在命，當中一位的食傷星，到底會否像從格那樣，受影響而不能成專旺格，老實說這其實是個頗有爭議的話題。

因為比劫眾多而成專旺格，得一個食神或傷官透干或藏支，這種情況不代表食傷孤立，因它為全局比劫所生，但卻不能以正格論，仍以專旺格論（餘此類推），但就有了一種秀氣，由於比劫太強令自身過份直率，但有了食傷來略作宣洩，便可收吐秀之功，令專旺格的人有了柔的一面，而性格方

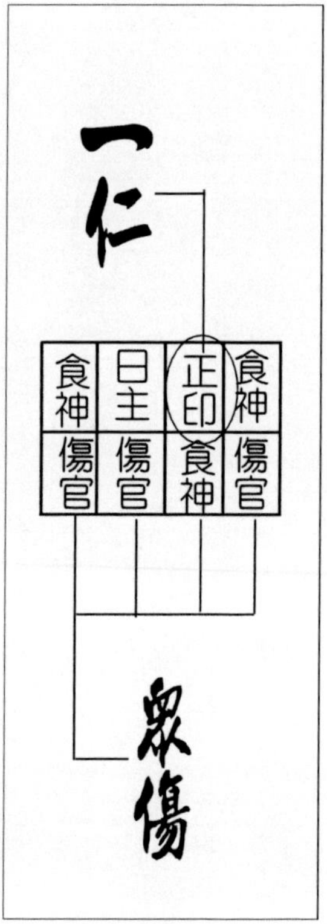

一仁

食神	日主	正印	食神
傷官	傷官	食神	傷官

眾傷

面可以更討好，這對事業發展起著很大的作用。

又如全局皆食傷，獨見一印，形成「眾傷娼狂，一仁可化」的情況，這又能否因此而入從格呢？答案是仍不可以，依然以正格論命，皆因此有異於官殺生正印，印生身的關係，因為正印會被食傷耗洩氣盡，難以生身之故。

總之從格的條件，即使只有一粒正印星在命，亦不能從，關鍵是其生起日主，使日主暗旺起來，因此「眾殺娼狂，一仁可化」這個法則，不是隨隨便便就能用的。

母慈子滅

正印星會不會變壞

正印，三吉星之一，是人命生身之本，身太旺了，到底正印一星還能不能用？當然，日主身旺時，正印並不當用，何解？聽命書說「母慈子滅」便知，但這句話不易明，當中語氣說得好像過份嚴重，而且是不甚貼題的，正印生我，自然可視為母親，正印一向被視為母星，這是理所當然

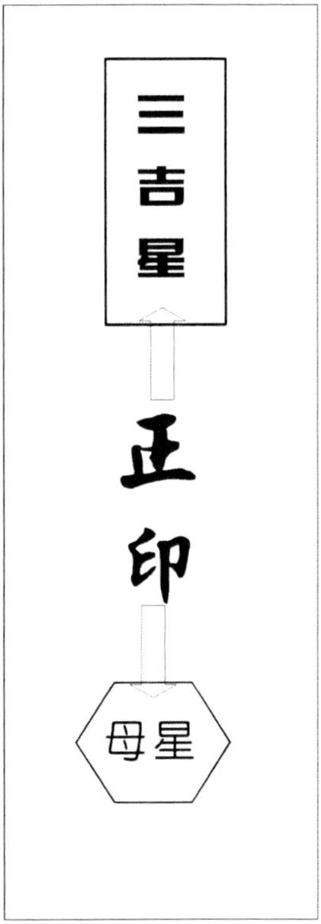

三吉星

正印

母星

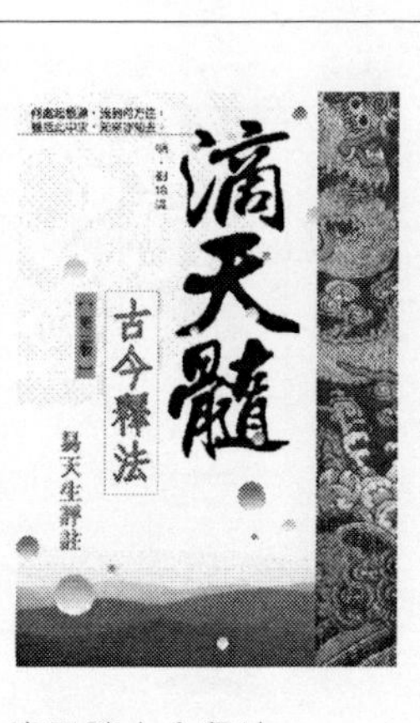

滴天髓古今釋法

作者易天生

｜

出版心田文化

的，母慈又何以會滅子，這個一點都不好理解。

其實此語出自《滴天髓》原文：「此造所謂殺印相生，身強殺淺。金水運，名利雙收。不知癸水之氣，盡歸甲木，地支寅卯辰全。木多火熄，母慈滅子。」（可參考本人「滴天髓古今釋法」）

母慈，是指作為母親過於寵愛兒子，便有機會累了他不思進取，俗語說「慈母多敗兒」就是這樣解，印星過多亦視作母慈，太多的母愛了，便會寵壞兒子，所以說子滅，大家不要單從字面去理解就是。

很巧合地最近一連看了兩個這樣的命，就是有兩位母親拿著兒子的命前來批，而奇怪的是，同樣地兩個兒子都是二十多歲，家庭環境不錯的，一個去了外國讀書，另一個雖然讀書不成，但父母打本開了間公司給兒子打理。

但是很不幸，兩個青年都是命太強旺，以印星為忌，並配置不洽當，以致母星為忌，即使兩位母親怎樣疼愛其兒子，到頭來都是白費心機，一個讀不成書，在外國流浪，自暴自棄，另一個則在未來會面臨重大財困。

這不難想像得到，是否做母親的不懂得管教兒子，而是百般呵護所致，這很值得大家深思。

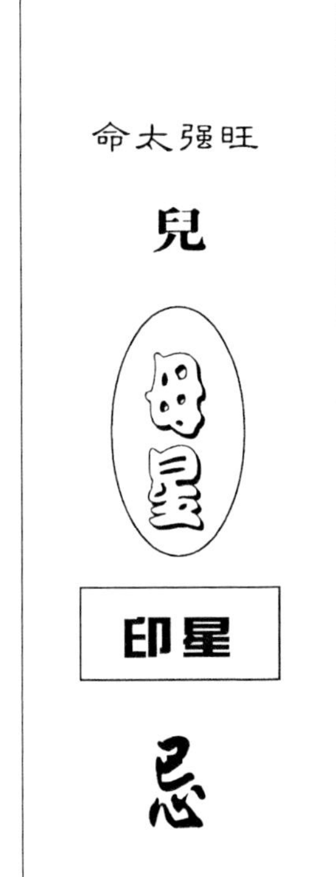

殺印相生易做老板

在學命的過程中，相信很多人都有過同一個疑問，就是「殺印相生」，由於七殺是凶星，正印是吉星，二者相加卻又屬吉利，原因是七殺不攻身而生正印，更有護財護主之功。

這裡有一個命，很可以實際向各位說明，殺印相生的功能作用（見命例）。

這個命身弱是明顯的，因有二殺一官之土在地支盤據，關鍵是天干透才，這使本命之身弱更甚，這會加劇才殺攻身的危機，但本命卻不會受到影響，因為日坐長生申金的關係，地支的官殺都傾向生偏印去，間接幫了日主的身，令日元弱中生旺氣，再者天干庚辛金又為正偏印透出，印星天透地藏，其根在日主自坐長生，命中的所有殺氣戾氣均被化去了，反觀其人不但沒有粗暴的凶性，反而是位有勇氣又具修養的賢者，能夠為民請命，抵抗外敵的英雄，往往都有著這種殺印相生的命格。即是在一般人中，亦每見有智勇雙全者，故這類人不易屈居人下，會創業多於打工，事實上，此命食傷財才順生殺印，日主依然是最終受益，那麼此命會在甚麼情況下會出現危機？仰或是不會有任何危機呢？

在古老命書中，有玉井奥訣，書中提到，要看命中的暗沖暗合等狀況，

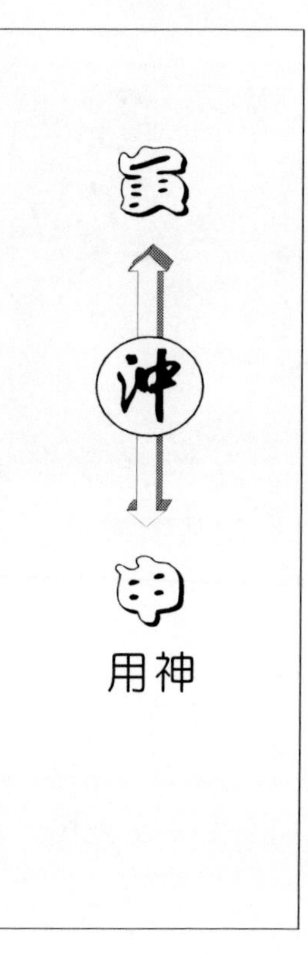

寅申相沖，而申正正是用神所在，能令全局通氣，才不怕殺攻身，遇沖即不穩定，雖然不致破局，但亦會心神不定，不能順境，會接連地發不愉快事件，身心與六親都易出問題，在金錢上都有很大損失。

戰爭

去年有人問我，這個新冠疫情，到底幾時完，我說：完是總有一天會完的，但完結後又會有更大的災禍至，是戰爭！

當然這在爆發俄烏戰爭之前，是沒有人會相信的，所以對方十分質疑，怎可能發生戰爭呢?這個世界不是很和平嗎?偶而發生區域性的衝突是有的，但要像現在把整個歐洲也捲入衝突中，造成能源和糧食危機，甚至引發核災難，險象橫生，似乎是沒人敢相信。

那麼這個戰爭如何能預視出來呢?

簡單來說，戰爭、旱災和瘟疫，是人類三大致命天敵，五行中的火剋金，是戰鬥的象徵，火炎土燥多為旱災，雜土剋水則為瘟疫的象徵。反映在平常人，火剋金會是骨格毛病和痛症，火洩於土則為皮膚病或腸胃問題。

火剋金

於生活上，火剋金，是金屬受到破壞之象，電器、電腦、手機及車子產品都很易損壞。至於火洩於土，是衰退或衰敗的象徵，身弱的火命日主，受到了土來洩，是土晦火光，火不懼水之剋，反而忌見土來洩弱火的元神，若為身旺，得到宣洩吐秀，也主退下火線，享受生活，做個開心快活人，也再不求爭鬥了，如果命主身弱，火被土洩的話，便會作急流之退，精神身心都出現滑落，此時不退，當遇到七殺歲運來時，環境或身體便出問題，便要見禍端，而且都是不易抵擋。

因此人當遇到重洩身弱時，不論你是否屬火，也得明哲保身，淡薄名利為宜，看看莊子一書，學學古人的智慧，以求自保。

今天國際形勢

如要前瞻未來世界，便有須要分成三個時期來了解。以現今世界為基礎，之前不提，我們可以從二戰結束後的重設「新秩序」時期講起：

1前期：二戰結束，三大陣形鼎立之　各國冷戰期
2中期：蘇聯解體，中國掘起　世界走向一體化
3目前：現今走到　臨界點　合久必分期
4前瞻期：未來走勢（？）

論命都是想反映未來，而眼前的瞬息萬變也重要，這便要再進一步去理解角色。

世界現在扮演的角色

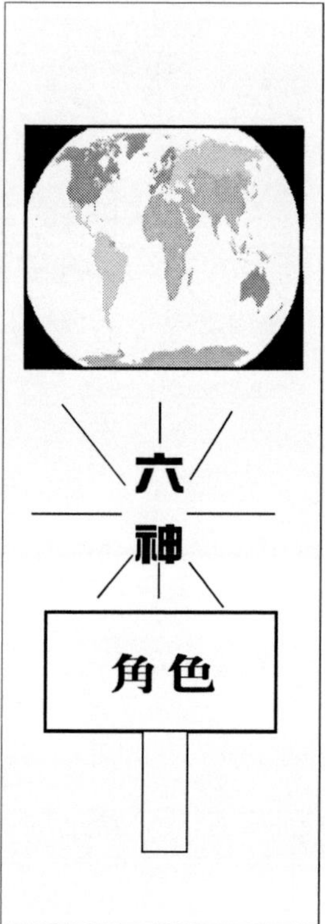

以六神把整個世界串連起來，解構各個領域，大致上可以換算成5點：

1 自由民主　食傷
2 戰爭管控　官殺
3 經濟發展　財才
4 文化教育　印卩
5 國民交流　劫比

世界因疫情而身弱，尚未復完，又遇到了近世前所未見的的俄烏戰爭，此即是：2七殺正在橫行，3、5多國人民正陷於土地和資源的紛爭中，造成互相對抗，造成了4文化的摧毀，破壞了1現今的自由民主體制，難以實現人類和平共存的普世理想。

1如果戰事不停，世界身弱，七殺獨大無制的話，加上天剋地沖，隨時都會有一方破局傾危，而另一邊都好不到那裡去，同樣會有重大損傷。

2至重要還須看，世局到底是用食神制殺？還是正印化殺？這是往後的一個大關鍵點。破局會是七殺，因食神方會制殺，進入重官殺路，便成（官多變鬼），因大戰而世界大亂。

天剋
七殺
地沖

所以，古書有云，七殺必須要有制，無制者，即使權傾天下，亦遭天譴。

綜觀這世界正漸漸地形成一個很大的共業，希望有正印中的仁義來解救目下的天譴人禍，使殺戮停止，讓世界歸於和平，全球資源得以正當分配，至於掌權者能以一念仁心，化解戰爭，否則持續惡化下去，一方拿出了大型化武，小型核武，現有的文明便要遭改寫了，世界亦會因此而走向破局，這是任何一個人都不想見到的事情。

總結

當今之世，錯綜複雜，兵家之道詭奇變幻，莫測高深，又豈是我們世人可以看得見，一切都秘而不宣，可能世界只操控在幾個大國領袖掌中，吾人以命學之道，或可探知一二，要深入解構，還看訊息萬變的世局。

生死有命

近來有人常問我，人老了到死亡這個問題，其實這是個沒人想知的事情，人老了自然會死，有甚麼好算的？這畢竟是人生必經的，沒有人能逃避得過，我們可不可以換一個角度來看，人活到八、九十歲，多數都身抱病苦，如再生活條件很差，那死亡就不是一件可怕的事，生存才是悲哀。

當命主得到了解脫，脫離命中的苦難，如果又有來生的話，豈不是死亡也是行好運嗎？試想想，這一舖牌既然已經輸了，趕快重新來過，玩新一舖

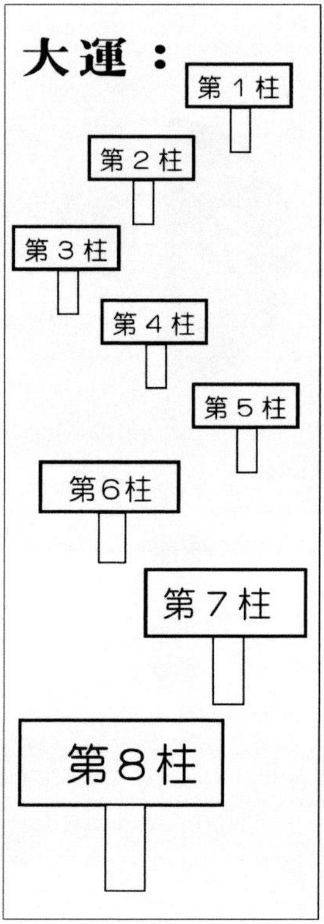

大運：

第1柱
第2柱
第3柱
第4柱
第5柱
第6柱
第7柱
第8柱

牌局，實在是件痛快的事，所以我會想，當一個人活到第八柱時，都八、九十歲了，離開人世時沒有痛苦，能瀟灑走一回，安靜地往生，應該會是行運者才能做到。

如果相反地，一個富有者，家才不管有多少億，但錢已再不是他能控制，臨走時子女爭家產，弄得翻天覆地，家醜外傳，惹人笑柄，又或者受盡病痛的折磨，卻又死不去的話，那麼其人必定是行衰運了。

女人旺夫命

看女命旺夫不難，基本上有以下幾種：從財格，是官殺星強盛，入從殺格，這類女子每多配強夫，另一種是身旺財多，生旺官殺，都能旺起夫星，婚後夫君步步高升，運勢會愈來愈好。

如果女命財多有一粒官或殺星，這是一位獨清，從格旺夫配置，若然只有財而無官殺又會如何呢？這時便要把思想變通一下，此女子是旺財之命，但主要是旺男人，丈夫仍能旺到，只是不以丈夫為先，而是以自己為先，所以她能夠控制男人而不受男人控制，這點細微的關係讀者還須了解清楚。

從財格透官星

一位獨清——→官

財	官		才
己	丁	甲	戊
未	丑	辰	辰
財	財	才	才

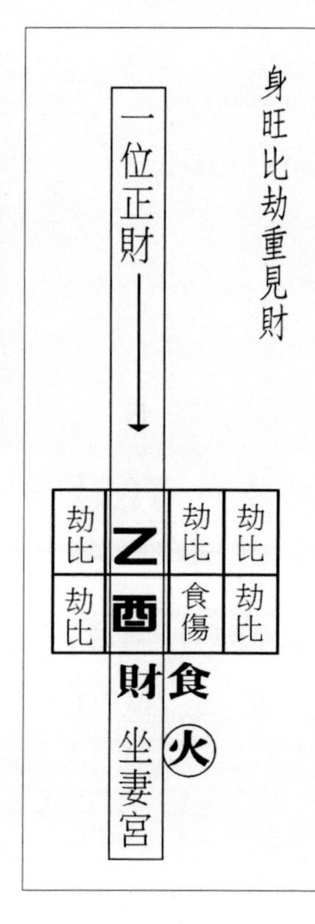

男人可以旺妻嗎?

前文談到女人旺夫，但是反過來男人可以旺妻嗎?這個問題確實很少人會提到，但卻一直存在著。男性妻星是正財，若如女命一樣，官殺、或財星旺盛，就能旺妻嗎?用簡單的思維好像是，但細想一下便有問題。

要知男命以財星為女緣，太多的財星尤其是偏才，這個男人便會生性風流，被女人圍著，若然食傷太多，便會很任性，甚至放蕩不羈，站在妻方一邊，這情況當然不妥。命理古書未有提及旺妻，可能是基於男性主導的社會之故。

男人怎樣才能夠生旺老婆，首先是不要有太多的比劫星，身旺劫重，財星便會單薄被劫，被視為剋妻之命，那麼以一位正財坐妻宮，且有食傷作保護則不怕財多，否則財才便不宜多見。

又或者財星天干合日主，又主身旺以財為喜者，是主妻星與夫宮吉星相合，充份反映其人與妻有緣，感情和洽專注，這不是比起旺妻更為可貴嗎？相信讀者細心想想便知。

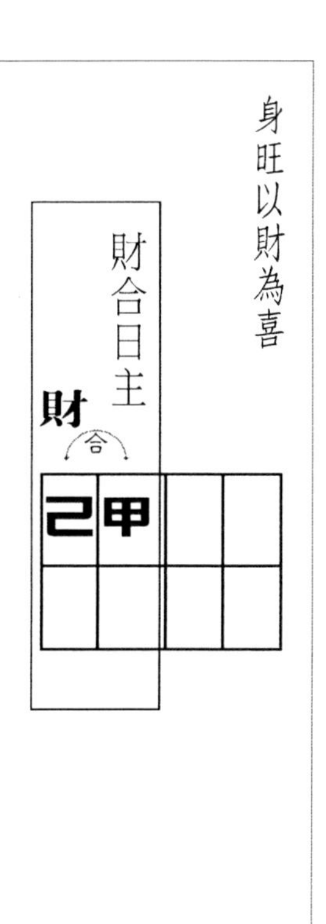

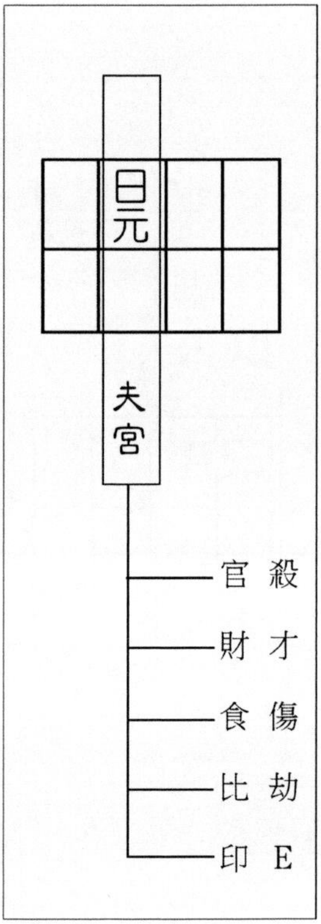

日元

夫宮

殺 官
才 財
傷 食
劫 比
E 印

夫妻宮坐下六神的定位

這裡教大家一個很好用的方法，日柱夫妻宮的六神，可以看出各種類型的伴侶，這裡就有個很簡單的看法，可以看看日元所坐下的六神為何，以決定其伴侶的個性。

日支坐正官

例如女命以日柱為夫宮，正官為夫星，如果日支是正官的話即夫宮坐正官，代表這女子夫宮在命，只要身不太弱，通常都表示其丈夫顧家，不會外跑，而女方亦很重視丈夫，只要配合印星，便能得到愛護。

夫宮坐傷官

有不少人到現在還堅持著，女子夫宮坐傷官是夫緣不好，其實夫緣很看夫妻宮有沒有沖刑，而日柱坐傷官的女性，是主伴侶性格未易控制，但只要命主身旺，便能收吐秀之功，在相處方面，若雙方都能夠給空間對方，亦能相處良好。

夫宮
正官
傷官

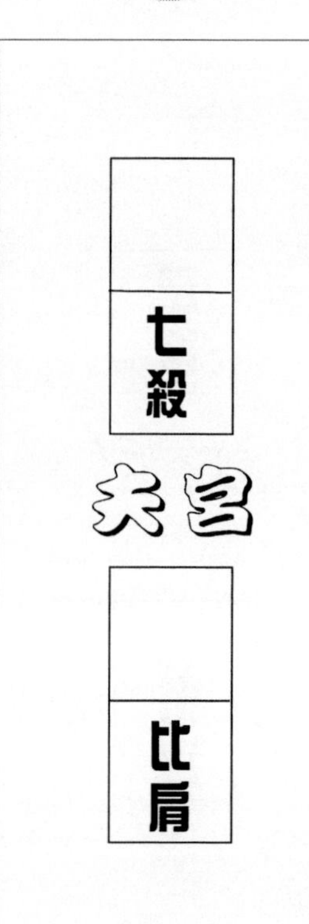

夫宮坐七殺

至於夫宮坐七殺又如何?其夫大概會是個性率直的硬朗漢子吧，但若女命身太弱，又會易於受夫所欺，因此女命身弱又要看在印星之上。

夫宮坐比肩

夫宮坐比肩的女性，會被視為身邊的伴侶會較像朋友和伙伴，彼此能夠互相支持，合作無間，只要女命不要太過剛強便可以了，太過旺的女命，坐比肩或劫財者，都會因雙方硬鬥硬而感情不睦，遇沖夫宮者則更甚。

夫宮坐劫財

女命夫宮不宜坐劫財，尤其是身太旺時更不適宜，因為劫財是財星的剋星，如果夫宮下有劫財，會認為是受到身邊人的經濟拖累，所以女命八字劫財多者，不宜與伴侶合資做生意，會很容易出現金錢上的爭執。

夫宮坐正印

換個位置來看男命，其實都是一理相通，男命妻宮坐正印這棵善良之星，自能得到夫家的愛護，而印星又代表生我之物，女子身弱反映配偶性格溫純和體貼，這是以印星為喜的男命而言，相反若以印為忌，印星便會像個老媽子多於妻子，如男命屬太旺的命，其感情生活會枯燥無味，遲早都對另一半會心生厭煩。

夫宮坐財才

女命夫宮坐財才者，身旺者有機會嫁貴顯之夫身份尊貴，身弱婚後經濟緊張，夫之事每成負擔，反觀男性，有些男命是令人羨慕的，男命妻宮坐財星，天干或地支亦見財來合，而本命身旺，擔得起財，財亦即為本命的喜用神，又主少壯年行財星大運，這便很有機會娶個有錢老婆了，記得曾經看過一些這樣的男命，其中一個是位風流的有錢人，問題是，他到底是怎樣得到異性的財富發達的呢？

答案大概是，身旺用財者，多數是本身經商得財，女人是其所屬，相反身弱又偏要用財者，例如從財從勢格等命，便會有機會因合得妻財，且妻星又在日柱上，於是這人便可因女人致富了。

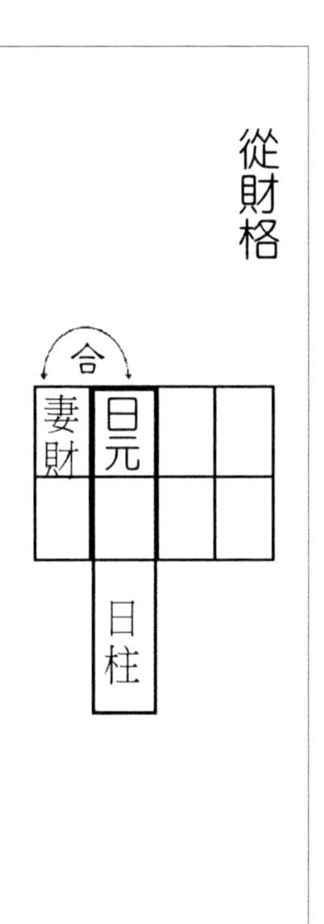

命由誰定

世上有不少聰明人都認為，批命既然能夠先人一步取得命運訊息，便應善加利用，因此產生出不少看命項目來，可謂無所不用其極，其中擇日開刀，便是一種借命理來搶旺的方法。

因此有父母便很想擇個好時辰，生一個出類拔萃的孩子，最好能旺父母，但問題是，世上真有這樣不勞而獲的事情嗎？遇到這類太過勢利的人，甚麼都要最好，卻不考慮生命本身的價值，只想把命運機械化，如此問題便出來了。

人命是有好有壞的，那有完美的命，但偏偏就有人想生一個完美的子女來，這自然是不合理的，其實，生兒育女，至重要還是孝順，百行孝為先，這是句古老明言，確實令人覺醒，那些喊著要生個旺父母兒的人，也應該要徹底反省了。

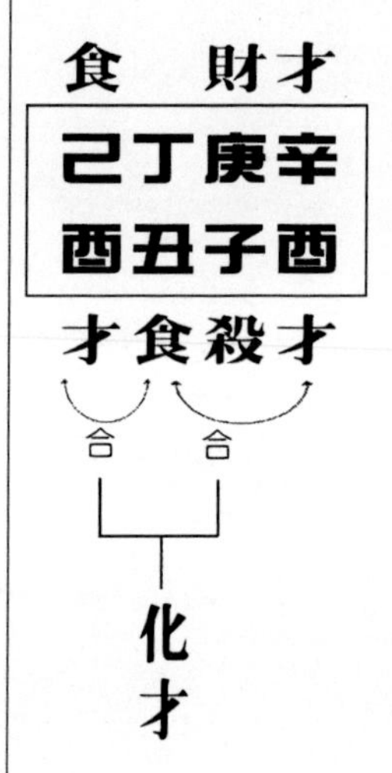

命運的奧義

最近看了一個女命，財星多到入從財格，天干正偏才齊透，地支雙合化財星局，再來個天地化財星入局，這裡便給大家一睹這個「真從財格命」：

這個從財命在看命者而言，真的是極少見，還能不發嗎？問題是，命主沒有投資，又沒做大生意，又無嫁入豪門，財富從何而來呢？莫非是中了大彩池嗎？相信也只能這樣猜想。

其人即將進入乙巳運，天合地合化財局，喜用出天干，但目前仍未有甚麼大發特發的蹟象，現職商品市場採購員，並未發過大財，亦無投資活動，這可有點奇怪，可能因目前仍在印星之運當中，有逆從財之氣，故而未能發運吧。

當發運時，可不再是同日而語，大家看她未來行的是甚麼運？是乙巳運，這可不得了，皆因乙巳入原局，乙庚化金財，地支更雙會巳酉丑，成西方金財局，如此三個幾何級放射式相加起來，都不用說本命已食神連根生財了，這個從財格的女命，豈不風雲際會？

這確實是筆者數十年以來，首次所見的大財合大局兼大運的命，真的很想知，到時會是一個怎樣的情境。

大運：

辛	壬	癸	甲	乙	丙	丁	戊
			34	44			
丑	寅	卯	辰	巳	午	未	申

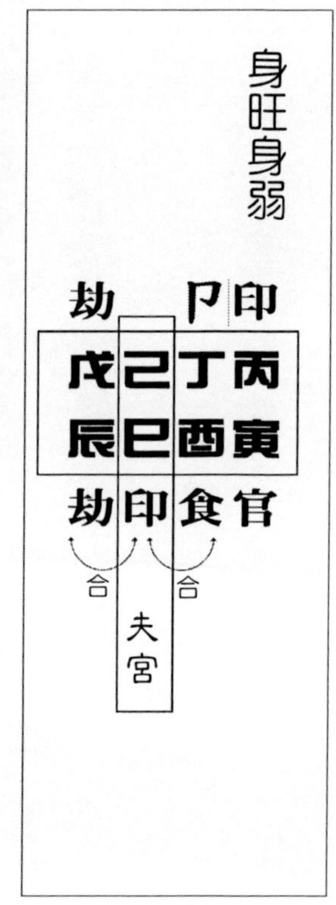

滿盤印比劫不入格局

前命因時運未得配合，屈居一時，這裡又看看另一個命，剛剛相反，身旺印比佔局，正好是前命的對比。格局不好但卻得時運之助，八字無財卻又可濟身財金機構，也手持某類金融投資項目，是命差運好的一個很典型的例子。

看看其人的八字，大家幾乎看不出有甚麼特別之處，忌神仇神都同透天干與地支，只有一個酉金在月令，惜與巳火合而不化，月令真神得用之力大減，話雖如此，到底他得到甚麼的好運，可以改變這個偏枯的命，成為一個有運的人。

真的是時勢造英雄，其先行庚子運，庚金傷官吐秀，但支下子辰合水不化，未能說少年得志，但在外國留學，也獲博擊獎項，辛丑運入原局，丙辛化水，支下酉丑合金，金水相生下，因此時來運至，成了現在的財金推手，更有打算自立門戶闖天下。

老實說，這個命定要凡事留有一手，不能去得太盡，只因命犯偏印梟神，最易招惹大敵，當好運行完之後，運過境遷，很可能便有大破敗，甚至是大的傷亡，原因是此命天干的印劫偏星，代表身邊一直是那些貪婪無良的人，而一個犯錯足以受到忌神反撲，結果是誤己誤人。

大運：

甲	癸	壬	辛	庚	己	戊
辰	卯	寅	丑	子	亥	戌

（36 辛丑，26 庚子）

命運奇觀

每一個人都擔當著不同的角色，有人當醫生，有人當教師，有人當總統，也有人當小偷和乞丐，這些不同的角色，是否早已在每個人的八字都早有註定呢？很多人以為是的，但事實上並不存在所謂的醫生命、教師命、總統命和乞兒命，理論上人命只有好與壞，好的醫生、好教師、好警察和好總統……當然也有壞的，這在各個界別中的人，其八字都會帶有六神特性，例如好的醫生和教師的八字，每見正印或食神星為喜用神，不好的便會正印星或食神星受剋受沖，或合而化忌，好警察保護市民，命會有正官星或七殺星為喜用，相反官殺雜亂為忌者，反成盜賊，即使做乞丐，亦會有高低，其大運決定他是否一世行乞，君不見有些人做完總統後，立即便失去自由，成為階下囚嗎？這比乞丐也好不了多少。

就這樣去思考，原來八字配在人命上的身份和職務，合不合適，能否匹配，便要先看八字，至於有些人有些八字，會一生都做不到適合和匹配的工作，這是甚麼原因呢？主要是命和運的不配合，當然，命與運兩相匹配的話，即代表其人一生都做著合乎本命工作，這個人一定會更快樂，一生更順暢，活得更有意義。

原來命與運是有著這般微妙的關係，這是學命人應該知道的，對於不了解命運的人來說，這道理很不簡單，明白了，原來命運就是如此簡單。

滿盤自黨不入格局

低下命格

劫比	日元	劫比	梟印
劫比	梟印	財才	劫比

財食

火

坐妻宮

曾經在學命之初，聽過一包話而得到啟發，就是「乞兒命，皇帝運」，這成為筆者學命的金句，當時筆者還年輕，才二十多歲，對此話都是表面的理解，心裡覺得奇怪，竟有此等奇命。

曾經在三十多年前，見過一個命，就有類似的命運際遇，這個人在一個早已式微的行業裡，沒有倒下，整個行業幾乎只有他能生存到最後，其它同行都紛紛轉業營生去了，不少風光一時的行家，都成為過眼雲煙，而他卻可以做了近四十年，這成為他的終身職業，得到金錢名譽與地位。

雖然不便公開此人八字，但可以告訴大家此命屬於身旺已極，又不能入專旺格，是屬於「滿盤自黨不入格局」的低下命格，但行運卻能配合原局，一路行食傷生財的大運，但筆者卻有另一點的理解，就是這種命會不離其本質，梟劫滿盤，以古法論斷此為賤命，因此其人一直都行為惡劣，人品極差，一直結黨營謀，霸地盤，分化同行，排除異己。

時勢卻可造就亂世梟雄，君子卻要遁世無悶，蘇東坡便是一個很好的例子，命運之奇，絕不是一般人可以輕易理解，但這也是令筆者畢生投入命理研究的原因。

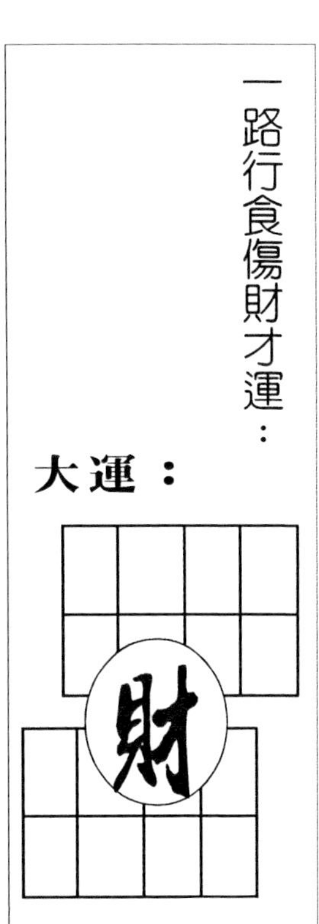

五行形象圖

在新作窮通寶鑑--命例解密一書的後記中，筆者提及五行形象圖，有打算發展這一個課題，但這看似簡單的課題，原來一點不易為之，原因是這個新法，要在五行旺弱法和八字調候法之間取得平衡，這並不容易，還須要很多測試與融合。

目前批命大都以正五行子平法為主，看命主身旺身弱，再取用神，分喜忌，然後以六神與大運流年論命主一生際遇，但準繩度都在七、八成左右，反觀調候法局限在季度之間，問題更大，若把五行

形象圖這理念，加插於旺弱法與調候法之間，兩相融合，互補不足，或可令批命能更加準確。

至於這個五行形象法，並不能單獨使用，它須要建立在子平旺弱法的基礎上。

由於此五行形象圖，是由原局本身的五行狀況繪製出來，並以五行的平衡為目標，一個命最終可以幸福，決定於圖像能否達至平衡境界。

如果由本命畫出來是山明水秀，土地豐茂，有花草樹木，陽光暖意，便是一張五福俱全的美景圖，這亦代表這是個有福氣的好命，相反八字圖中一片景象偏枯，了無生機的話，就代表命運差，生

命裡有所欠缺。

至於專旺格和從格的特別命格，又如何理解呢？事實在理解上是有些難度的，但我們可以把特別格局的命，視為一片特別的景象，把它如實地繪製出來，更可以看成是一張奇異的妙境、一片冰川雪景、或火山壯麗、浩瀚的沙漠平原、茂密森林等等的奇異景象，這當然與正格的圖象會有所分別，但由此亦可探知人生中，一張特別而難得一見的奇景，也代表著奇逢際遇，擁有獨特的人生。

五行圖象再探討

若以正常計算，這是個難判失真之命，但若返撲歸真，以原始五行圖來作理解，又會有新的領會。

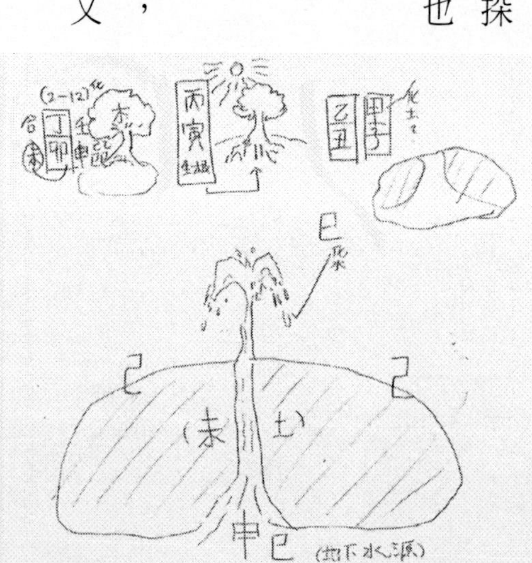

本命的形象是一大片火土，乾土、山石與火山，幸有地下水源，形成了長生水，水流用之不歇。另外因火土護金，欠木為偏枯，其早行天地化木局之丁卯運，早年便學有所成，目前是投資机構要員。命中形象以木生火土，土生金，此命無木易敗，最終也要木，生機是也。但問題是用正五行計算，支下坐申巳雙刑，刑必及六親，其23的丙寅運更構成了兩組寅申巳三刑，家中六親發生很多變故，影響深遠。而正格身弱忌官重，又難以用木，反喜金水忌木火，故圖象法跟正五行實有根本不同之理解，還須靈活變通運用。

財		官	官
丁	壬	己	己
未	申	巳	巳
官	尸	才	才

寅

大運：

甲	乙	丙	丁	戊
		23		
子	丑	寅	卯	辰

忌
熱
根壞
超級果實
枝葉生
申巳
寅
（三刑兩組）

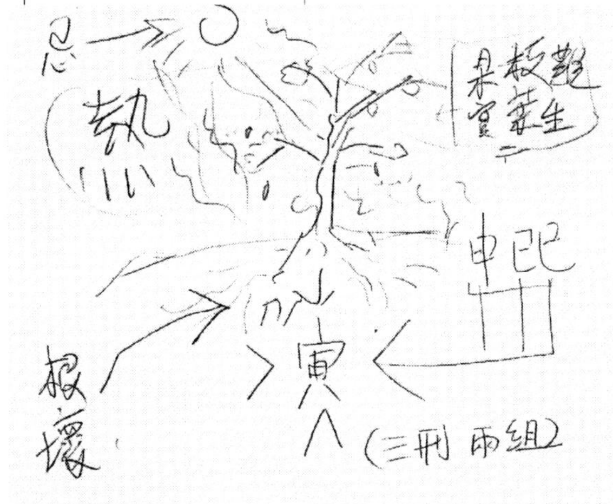

女命：

才	尸		官
丙	庚	壬	己
寅	子	子	酉
食	劫	劫	印

刃

大運：

甲乙丙丁戊己

午未申酉戌亥

八字圖象與新舊論命法比較

看過前面的圖例後，五行形象圖似乎可以再寫多一些，這裡再舉一個女命，並採用三種方式來為此命作簡評；

1傳統批命法：

此命透出偏才和偏印，坐下月日二柱都是劫財，而且還是月刃和日刃，如此在古時的論命法一定會認為是剋夫貧薄之女命，因其旺已過度，且女子

大忌坐羊刃，婚姻和六親均難保。

2易氏根源流住法：

本命由土出發，以己為根，流向酉金再生日月子水，水再生寅木，木向上生起丙火，至庚金而止，以丙火為住處，命中源遠流長。

本命身旺以丙火為用神，喜神寅木乃丙火之長生，故以火制庚金忌神為大吉，子水順生寅木喜神，故強旺水生木火，命中無大礙，反而是個逢凶化吉之命。

根		忌神	住
己	**壬**	**庚**	**丙**
酉	**子**	**子**	**寅**
生			喜神**長生**

根源流住法

中國命相學大系

窮通寶鑑：命例拆局

作者易天生

出版心田文化

3窮通寶鑑調候法：

以下是窮通鑑一書中，三冬子水，壬生子月的原文擇錄：

十一月壬水，陽刃幫身，較前更旺，先取戊土，次用丙火，丙戊兩透，富貴榮華，有戊無丙，略可言富，有丙無戊，好謀無成。或支成水局，丙不出干，即有戊土，亦係庸人，或丙透得所，即戊藏支，亦可顯達，須運得用方妙。或支成火局，一富而已。或比見月時，年見丁火，平常之輩，支成四庫，富貴中人，或丁出時干，名為爭合，主名利難成。或壬子日，丁未時，雖不能科甲，亦有恩榮，何也，蓋用子中癸水為官，號曰用神得地，亦主榮華。十一月壬水，丙戊並用。

十一月壬水生人，陽刃臨身，用神先戊後丙，本命丙火年柱，自坐寅木長生，故為有力之用神，戊土支下有餘氣待補干而得大用（戊戌運補干），大家且看寶鑑原文中，一段十分精微的說法：

「……或丙透得所，即戊藏支，亦可顯達，須運得用方妙」，用此觀點，本命寅中實為本命之大喜神，其不單長生旺丙火大用神，更援和了全個命局順生。」

官		卩	才
己	壬	庚	丙
酉	子	子	寅
印	劫	劫	食
	刃	刃	

大運：

甲	乙	丙	丁	戊（補干）	己
午	未	申	酉	戌（長生）	亥

4五行形象圖：

圖象解說，圖中有一條很大的江河流水（壬子），佔畫面很大面積，有瀑布水源（庚），亦有地下水庫（酉），雖有山有土地（己），但時值寒冬（子月），水土冰凍，景象似乎欠缺生機，無如命中早見太陽高透（年干丙火），水邊與岸上均見草木（寅），於是便產生了戲劇性的變化，太陽照耀下，不至水土冰封，更有樹木初生，美景現前，生火得暖，此命就是以這樣的景象結束，可評定為好命。

前面是用文字描繪出一張呼之欲出的畫面，當然還可以手繪出來，以收形象化。

5實際狀況：

事實上本命個性堅強率直，早年感情並不如意，但目前婚姻平穩，且讀書有成，活躍於運動與各種挑戰，出來工作不久已有位置，在銀行任職，帶領下屬拓展商機，經濟狀況亦算不錯，目前正值壯年，未來丙申運仍有很大的發展空間。

當然，以上頗順暢的人生歷程，還須要配合大運，如想知悉歲運情勢，可將大運的干支五行形象，加入原圖上去，因大運行的都是土與火，基因論命以天干看現象，進入原局得以強化，而寫入形象圖的同時，也令畫面更加

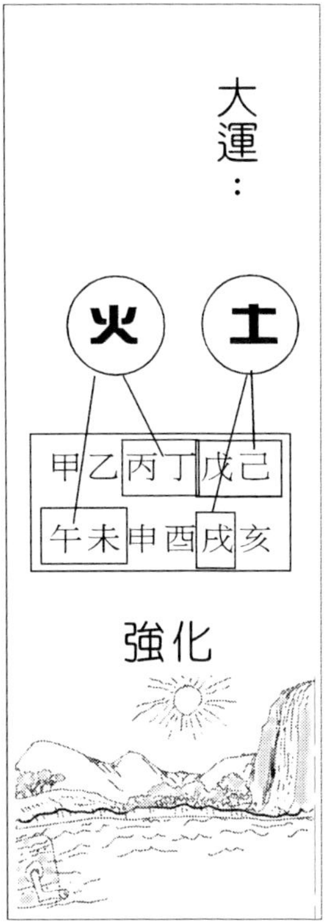

大運：

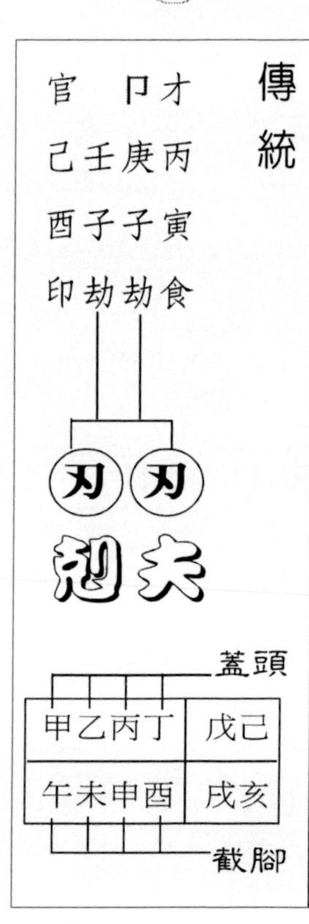

壯麗。當然，支下的金水是個危機，搞不好會引發洪水，但原局金水木火順生有情，左右氣協，命與運環環相扣，這正乎合命學經典滴天髓的要求，故而令忌神無從為害。

本命如以傳統方法去計算，極可能出現誤判失準，因為古書以女子命坐雙刃，旺超其度，必視為剋夫，判成分財分福之命，透出的偏財與偏印又是偏星，運亦見蓋頭截腳，會把此命分數拉下來，往低下階層去，以至與事實不乎，但偏偏有三奇才官偏印，命格又不太低，因此大凡有這類命的出現時，必須打醒十二分精神，不要去得太盡，經驗未足者，最好與命主先對盤，探究每個大運的前後進程，尤其是第六柱甲午沖堤且雙沖羊刃之運。

總結：

本命仍有一個爭論點，就是命中的正官星，其官星連根，但以近賢朱鵲橋老師的「官殺兩頭蛇」講法，身旺正官因會生旺了印星而生身，故而不喜反成忌，會被視為本命正官不能用，早運廿年都不好，反觀傳統算法，早年行官殺土運，論作身旺見官殺，成羊刃駕殺運，是主早有所成，而事實上本命早年真的很出眾，無論讀書和運動都頗見成就，是學校裡的優才生，早早已成為小領袖，建立主導人事的能力，故一踏出社會做事，很快便有位置，成為管理階層，進入大機構裡的主管級。

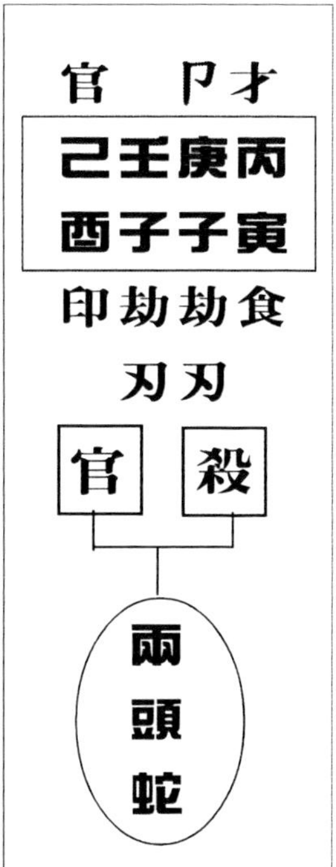

官		尸	才
己	壬	庚	丙
酉	子	子	寅
印	劫	劫	食
	刃	刃	

官　殺
兩頭蛇

正官不能用

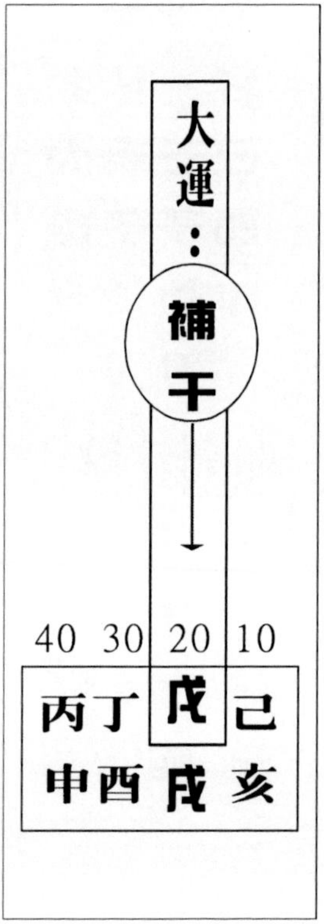

大運：補干

40	30	20	10
丙	丁	戊	己
申	酉	戌	亥

還有，大家可別忘記調候法，在這個少年運的戊戌，正正是補干之運，雖然本命沒有齊透丙戊之用神，但用了「易氏根源流住法」，卻可以進一步得知其早年的良好背景及優勢，這實與窮通寶鑑有共通之處。

因此筆者覺得，新法與古法論命，兩者皆不能放棄，而且要靈活運用，況且現時的新法都隨著歲月不再新，因此所有法皆要不斷更新，與時並進，方能提升論命的質素。

根源流住法

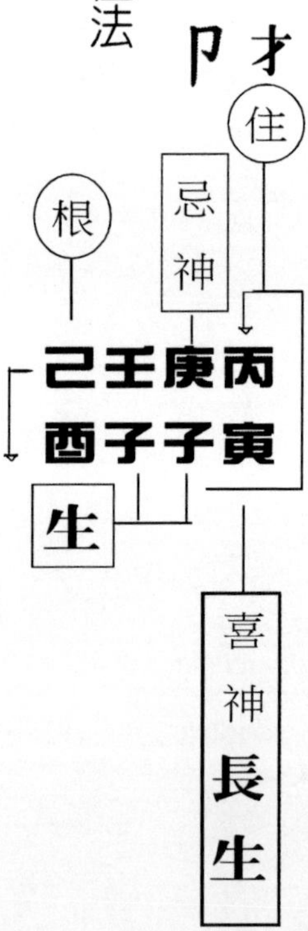

己	壬	庚	丙
酉	子	子	寅

根　忌神　住　尸才

生　喜神長生

傳統的圖象法

水多木浮、木多火熄、火多土焦、土多金埋、金多水濁

這句五行口訣，相信很多人都聽過，大意本來是五行順生的，太多就適得其反，變成了有害，這是來自傳統的圖象法，很值得大家參考。

現再用前命例解釋，八字日元屬火，用神為乙木：

此女命奇屬官殺佔全局，地支左右皆合化成水，屬滿盤官殺見印格，以為可以逢凶化吉，豈知早年仍難避一劫……這點我差點也走漏眼，反覆思維下才恍然大悟，發覺原來真的有水多木浮這回事。

水多木浮

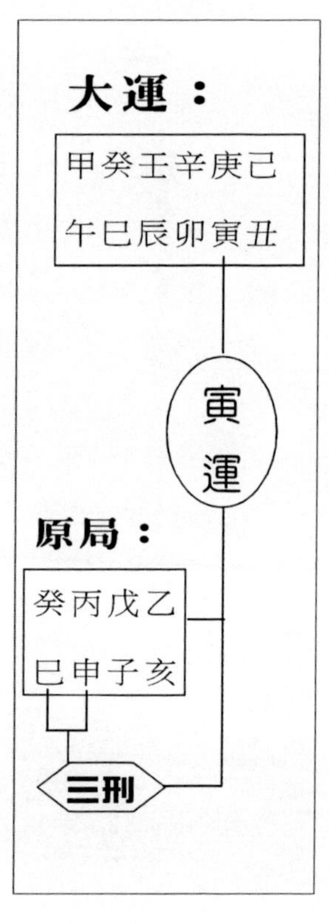

在正常推斷下，這應該是個能逢凶化吉的命，由於透正官正印，而乙木印星亦自坐亥水，這個亥支中藏木氣，成了乙木的微根，此確為本命之吉象，因此在正常情況下，具有讀書成績好的條件。此外，因為有一位正印之化官殺，故亦為「眾殺娼狂，一仁可化」命，受到異性的追求者眾，幸而都是愛她護她的。

這個命要提出一點，就是命中那唯一的用神乙木，其受干支群水所生，理論上是好的，但若用上了「水多木浮」這個形象法去判斷，問題便出現，有太多的水，豈不是連用神也變「浮」而失去其用嗎？讀命書的朋友遇到這種情況時，腦子便會見到兩套理論，不知相信那一邊才對。

筆者的理解是，群水生木是可以化殺生身的，只不過這個乙木不能受到合去或合住，庚來合乙木，便會令整個命局失去保護力，群水之殺便會剋身，攻擊日主，其禍必深。

我們且用事實來判斷，其女生長在一般家庭，父親自小便教她做人道理，對她管教嚴謹，只是她學業成績卻時有高低，在十八、十九歲時，大運在庚寅，流年壬辰、癸巳，因為愛上一個男生，竟把家人的信用咭交到其手，結果便被騙，給提去所有的錢，其母為她瞞著父親，她要打三年工才填了這筆數，這大大影響學業成績。

拆開了這件事，寅運入原局構成了三刑，身弱至怕刑，且刑必及六親，而寅木生根本

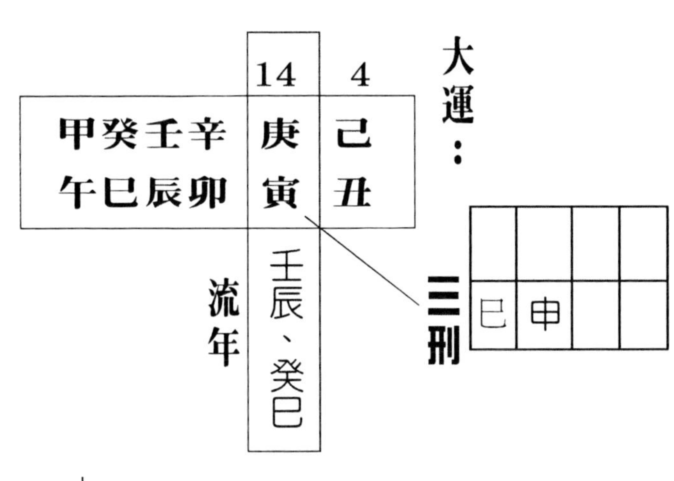

好，但遇天剋地沖，吉力驟失，只剩下一點微根餘力保住不失而已。

至於感情受騙，主要是庚運合住唯一用神乙木，再加流年壬辰與癸巳，全局化水來攻，以致群殺攻身所至。

總結：

水多木浮這句話也有道理，就看這個命，乙木總有一天會遇上庚金來合的，這時命中的木便漂浮無用，尤其是大運不可見，否則流年群水又至，入局即生禍端，而且是由男人帶來色禍。

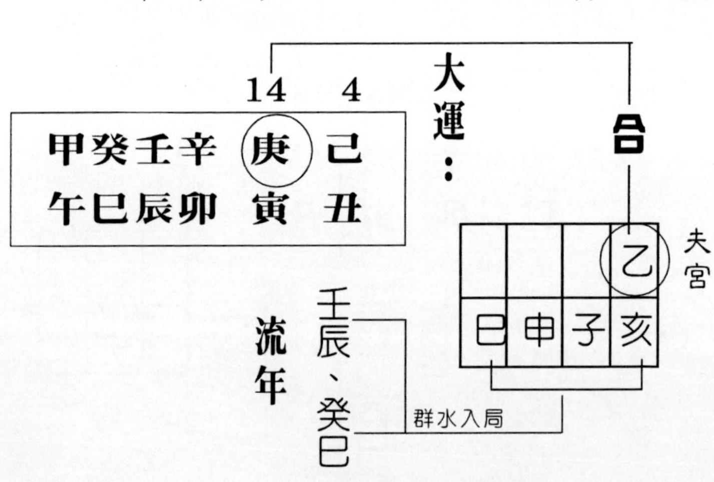

三奇之命

古書常說，命中干透財官印，仍屬三奇之命，其貴在財能生官、官生印、印生身，有這種命的上佳配置者，有財，有權位，而最重要的，是有仁心，健康的身心，生旺日主又能去任財官，如此生生不息，便是財官印三奇入命的境界了。

當然，這三奇財官印有地支的根來支持，便更加完美了，有些命這個財官印，就藏在月令一個地支內，這種奇命十分少見，例如辛金日生人生於寅月，寅藏甲丙戊，正好是辛金的甲財、丙官、戊印，這個是最理想的位置，因月令是命中的司令官，掌握著

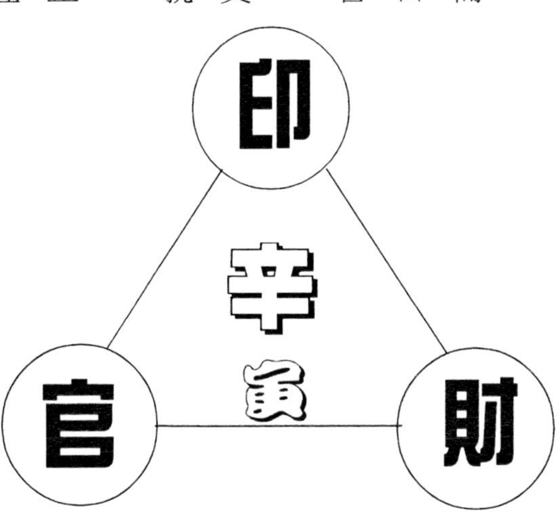

大運：

甲	乙	丙	丁	戊	己
寅	卯	辰	巳	午	未

全局干支的強弱度數，有月令為根，天干的財官印都屬強根，成就會更高。

至於天干不齊財官印，但在地支的四柱上補足，自然是打了折扣，其力度略有參差，與三奇同透就有距離。

此外也有一個說法是，身弱三奇勝於身旺三奇，原因主要是官生印，印生身，身弱自然好，身旺便旺上加旺，福力大減，到底這是否屬實呢？如果不去計較身旺身弱，便無三奇高低之分，亦即最重要還是平衡，只要取得全局的平衡，能任才官，命格便同樣大貴了。

以下提供大家參考一女命例：

三奇命坐三刑

這是一個正財、正官、正印的三奇女命，但問題是支下坐三刑，以至福力驟減，但具體如何，因無案例可循，只能憑著過往論命的經驗來推斷而已。

經過實際情況的了解後，推斷其坐下之三刑，會削弱了讀書之優勢，皆因三奇命的人最特出之處，便是有正印配正官，官印雙生的特性就是品學兼優，能順入大機構，但此命亦未能於大公司工作。

目前本命行偏才坐刑的丁巳運，屈居在職業介紹所工作，底新不高，由

丙癸庚戊
辰巳申寅

大運
才
丁
巳
刑

三奇入命有高低

三奇氣協

三奇根壞

於工作性質關係，入息未算穩定，因此要等到下一個運戊午行正財運，才會有所突破，另外看其三刑觸及夫宮，也看到前兩段姻緣欠佳，但因她命有官透，故很快便又有追求者。

官之根坐絕於寅，巳火生辰土再生金，庚申忌合化水而不合，丙財是用神，長生在寅，命中喜得遙根，故須借歲運之木火，其財方得用，故本命須要分析財官印支下力量形勢，以定貴賤高低，但早運午火入命，寅午合在寅，亦可能受趼，影響運氣，故三刑根壞，用神失力，格局便會下降，比起五行順生，左右氣協的命而能透三奇者，本命成就便差得遠了！

戲如人生

有些人一生在平穩中渡過，雖然有點平凡，但芸芸眾生，大多數都屬於這種命，人生是充滿著高低起落的，所謂人生如戲，戲如人生，我常常跟人這樣說，一紙命書就如劇本，要演好這場戲實屬不易，但做人就是要演好這一場只屬於自己，獨一無二的戲。

說到戲如人生，不能不提一個人，他就是烏克蘭總統澤倫斯基，他出身是個戲劇演員，演活了一個政治喜劇人物，以致家傳戶曉，但這不是他傳奇的原因，而更傳奇的是，他由演活了一個戲中的搞笑總統後，竟然能真正當

喜劇演員

搞笑總統

上了總統，更帶領著他的國民作出舉世震驚的事情，對抗入侵的大國俄羅斯。

所謂奇人是否一定有著奇命呢？這相信是大家都很想知的事情，但很可惜，由於時辰不詳，故只能給大家一看他的年月日三柱，也嘗試過從現況來推斷其出生時辰，但都不太成功，只好放棄。

時	日	月	年
		殺	比
吉	丁	癸	丁
時	亥	丑	巳
	官	食	劫

大運：

2013至2023年現行己酉運

壬	辛	庚	己	戊	丁	丙	乙
子	亥	戌	酉	申	未	午	巳

八字與面相

不少人問我，到底是面相重要還是八字重要，批八字是否要連同看面相，會否面相好八字差或八字好面相差，種種問題，都是出自面相與八字的兩者而來。

經驗告訴我，有其命則有其相，這是正常的，但有沒有例外呢？確實很少，八字與面相都會十分之接近，例如官殺星旺而得用者，其顴鼻一般都較為豐隆，雙眼神足，相反身弱食傷洩氣命，雙目欠神，顴鼻不起居多。至於凶惡之徒，其八字每見七殺無制或身旺劫比重重，這類人目露凶

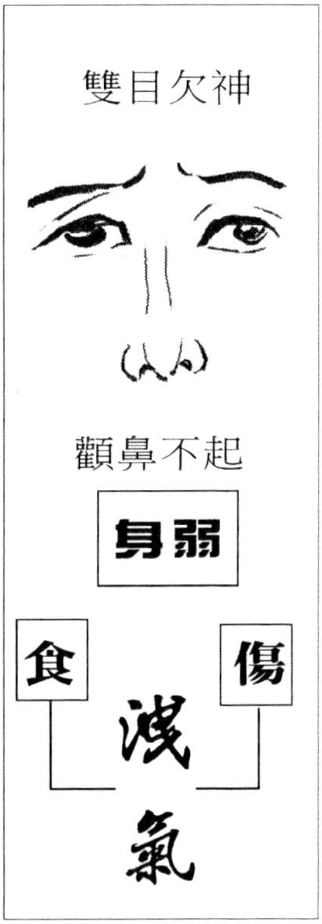

雙目欠神

顴鼻不起

身弱

食　傷

洩氣

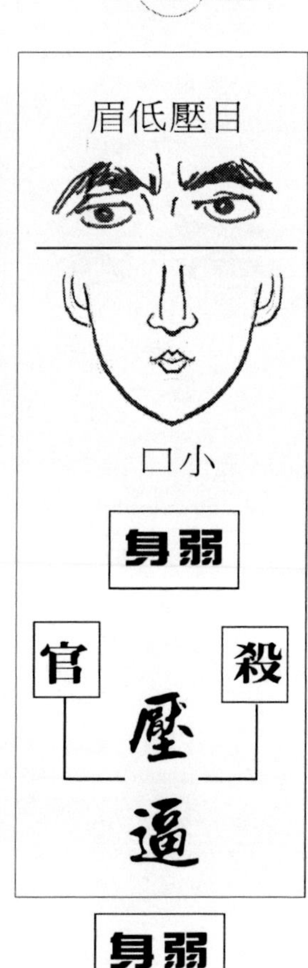

顴鼻隆起

口大眉粗

光，顴橫鼻骨枯露，相反眉清目秀者，八字每多以食傷吐秀為喜用。

行少年運者每多額頭豐廣，中年運昌盛者每見顴鼻相配，晚景快樂者下停豐厚，因此在批八字時，我往往都會先要求看看其人一張相片，以輔助八字的格局，大運等取捨。

至於面相清奇特別者，每多命格亦見奇特，如果八字印劫太多，身旺無洩的人，樣貌和性格粗劣，女子七殺旺盛，每多身材豐滿，男子身弱官殺太多，每見眉低壓目和口小，是個受到壓逼的人，身強官殺旺之人則相反，口大眉粗，體魄強壯，臉上顴鼻俱隆起，其人孔武有力。八字與面相還有很多地方可以發掘，這裡暫此按住，或許日後另立專書，作有系統的分析。

八字與疾病

用八字來形容新冠

曾在八字基因一書裡，有提及一個打破傳統的方式，是以「生活代入八字」為題，往後的生涯裡，筆者就在這個模式下發展命理的研究，不論是看命或教學生，久而久之，在不知不覺間，將命理融入日常當中，發覺能夠用在生活上的命理，才是最有用的，所謂「生活即八字，八字即生活」，的確十分有道理。

看過一部書，是用易經來推算人類疫症發生的，主要是用六十甲子天干地支的組合，再配地理環境等因素，大致是每當天干的土出現，又見辰戌丑未等地支，土與水兩不調和，水土不服時，便會產生疫症的流行。

如此說，用因果論證的方式，可以得出以下的推算：

先看土（病因）這個雜質，再看水（身體）清淨體，是如何被污染的，佛家人體由四大地水火風組成，而中國道家的陰陽五行，便以金木水火土為主，而佛道二家都主張人和宇宙萬物都由上述原素所組成，八字命理則以五行論証，故把人體內流動不息的視為水，結實剛硬的為金，由內而外生長為木，熱力能量為火，排洩分泌於外為土，故血液運行屬水，骨格牙齒屬金，毛髮皮膚屬木，體能屬火，而土便不好說，因為在各五行之間，例如毛髮與皮膚之間的雜質便是，餘此類推。

說到土剋水而成役症，發展成世界性大流行的過程，遠的不講，近者為今天的新冠肺炎，其根源起於癸未年，即2003年的某個地區，重現於2019年己亥年，這個正好就是書中所指的「水土失衡」的年份，而前者是干水支土，後者則干土支水。

問題是流行病真能如此知悉嗎？這當然只是個啟示的數據而已，比如這疫情重現的時間，應該調早為戊戌年，只是人們全不在意，到了宣佈全球大流行時，已進入另一階段的分析了，於是我們可以由己亥年作前後推

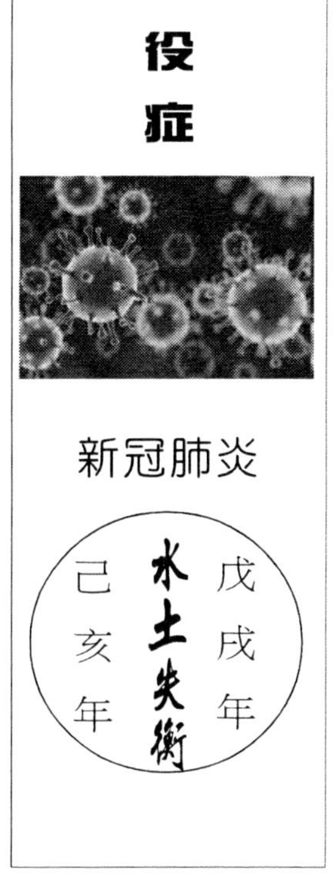

演……

癸未年突如其來的沙士爆發後，天干地支順序為：癸未、甲申、乙酉、丙戌、丁亥、戊子、己丑、庚寅、辛卯、壬辰、癸巳、甲午、乙未、丙申、丁酉、戊戌（重現）、己亥（爆發）、庚子（大流行）、辛丑（抗體）、壬寅（共存）、癸卯（風土病）……看干支流程則整合如下：

戊戌（2018）、己亥（2019）、庚子（2020）、辛丑（2021）、壬寅（2022）、癸卯（2023）

以上這個是年份的整合，可對應近年來的疫情變化，可以留意每次在爆發之前，干支都是巧合地土剋水的，這雖然不能說是終極原因，但卻很切合書中的要求，大家不防用作參考。

附錄

曾志玄課堂筆錄　易天生重新修訂

日主與六神

傷食
才財
殺官
卩印
劫比

六神互動

何謂六神互動，這可以說是要大家不要卡在死板的六神解說之中，否則看過百本命書，都是徒然的，皆因〈互動〉非常之重要，學會靈活變通，基本上就有了良好的學命基礎。

六神在命局與歲運出現，代表了命主以下兩點：

1.日主我之有餘或缺少，餘則削之制之，少則之補之。

2．定六神的作用為喜為忌，某六神喜者扶之，忌者剋之。

我們務求批命不離地，貼近現實和生活之需要，並以能具體準確預視未來事物為目的。

以下便是就著六神的特性及關連，彼此作出互動，並淺明地解說。

曾志玄課堂筆錄　　易天生重新修訂

課堂筆記

食傷互動

食傷為我生之物，由於日主我要有足夠強度和能量，才能夠付出後尚有餘力，不至輸出太多以致身弱，實踐理想展現各種才能，甚至有助排出淤塞的能量，此即為吐秀之美，如成噸礦土山，不經採礦為用，只為吨土，開採後則為美玉良石。

這引伸到人的發揮能力，都是由我之所生起，如腦力、讀書、樣貌、感情、畫畫、寫作等各種行為。

總之投入於各種美好事物，表現自我，能聲名遠播，具有讓人起哄並驚喜之影響力，受到貴人賞識，這種種都是由下而上的，另外如幫助下屬、晚輩、子女，這些由我來輸出，彼方接收者，同屬於本命付出，乃食傷之功能。

相反日主不夠強旺，輸出事倍功半，便徒勞無功，命主為事物所虛耗，自己輸出去的能量未能補回來，反而會身受其害了。

例如部下、學生，甚至身體裡面的多餘脂肪，也是我們輸出對像，都會成為本命的〔小人〕。又或者其人的形象狂妄，驕傲自大，如野馬奔走，惹人討厭等，以上種種都屬於身弱不堪輸出的弊病。

輸出

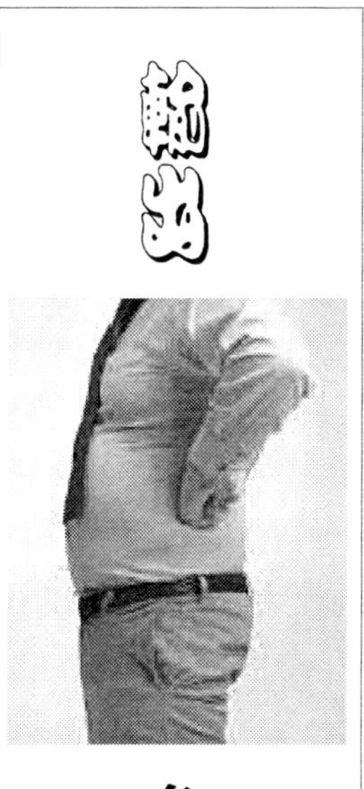

多餘脂肪

財才互動

透過輸出的六神星，不單止有食神和傷官，還有正財與偏財。

何以故？皆因財才都是要通過日主的付出後，才會產生出來的，只不過財星是日主用力去剋，通過欲望，並以行動來佔有之，同樣都須要力量才能取得的，這是正財，即使是偏財，亦須要動腦筋和心力，才能有意外收穫，因此並沒有坐享其成的成份存在。

我們想得到想要的東西，想保留它，如錢和物質等，受日主我之驅使，令到身旺者可以掌控，並擁有想要之物。

此外，正財是代表家裡的妻子，偏財是身外的異性，這代表男性取得女性的順服，或者說是傾慕，這都不是白取的，同樣要付出不少身心能力，因為有不少對手，要與同類比肩作競爭，才能達至目標。

這個就是財才的跟本意義所在。

還有資產、證書、一切的衣、食、住、行等生活品質上的東西，通通都是財星所管轄，而人的高低之分，就往往取決於這方面的優質與低劣了。

若然是八字身弱的命主，見到較重的財星時，便會反而受到其反操控，既不能擁有，亦無福消受，愈想去得到便愈被財之一物所勞役，有些更會為財而一生操心受苦，卻一無所得。

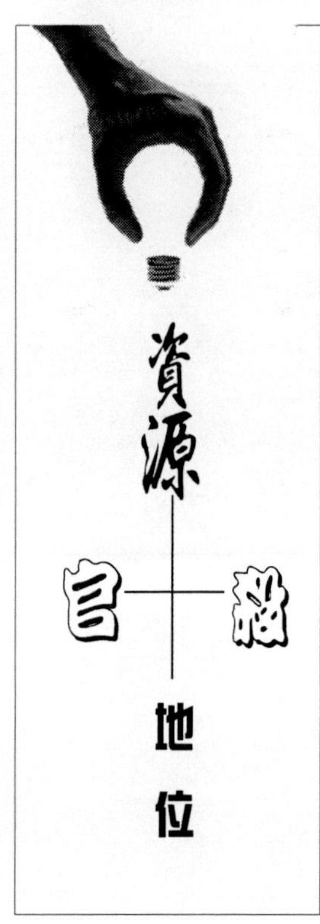

因此，講財星者，一定要同時看看自己夠不夠強旺，如不強便看歲運幾時來了生助之機緣，視乎本身之力量，不要多取，取多了，到運過境遷時也是要還的。

官殺互動

當這個世界具有了資源，人有力量去爭取時，便須要有正官與七殺的力量，才可以在社會中佔有地位，並取得資源的分配。

有種說法是把官殺代表苦行，其控制自己，亦能控制別人(比劫)，通過了權力的實施，制度的訂立，官殺便能夠產生一種穩定世道人心的力量，這個付出必然很大。

古命書指，通過食神制殺為手段，代表著智勇雙全的權力發揮，單純官殺制比劫，便屬於以強權手段來操控，故兩者有所分別。

官殺星的另一種作用，是規管自己又或者規管別人，這種互動，可以有突破和進步，久而久之，便具有威望，並能受人敬仰，因官殺生印，印生身，代表日主幫助他人，同時也受到別人的幫助，這可以更有效運用資源。

相反不能任官殺者，每見於身弱命的人，正官會失控而反受其所剋制，令日主墨守成規，不敢寸進，受人欺壓，如弱命不堪見七殺，見之便會遭七

權力 管規 制度

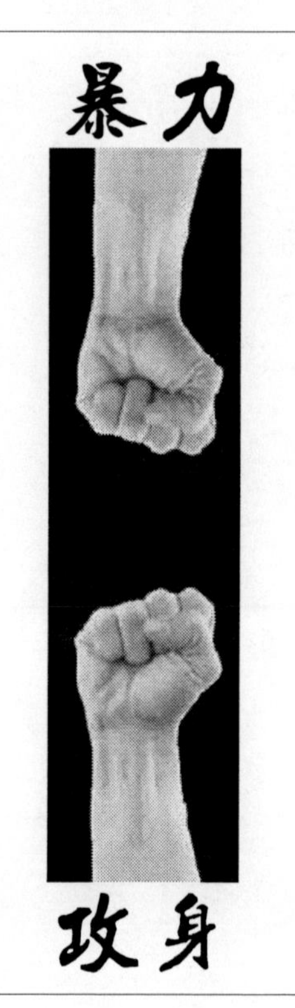

殺攻身，四面受敵，以致傷害日主，例如身體機能受損，經歷手術意外等。

例如很多命帶暴力強權者，其七殺都會過強，不論其身旺與否，都會刺激其神經，以致做出傷害別人，甚至傷害世人的事來，故古命書一直都在說，七殺要有制（食神制），或有化（正印化）。

印卩互動

說到正印與偏印星，在前文都說得不少了，而這裡還可以在互動上，作一點補充的。

由於官殺由權力之行使，官生印之效應，是主由權利而取得地位之象，印星又為蓋章，得到由上而下的加持，長輩、上司和貴人的輔助，可謂天賜能力及智慧，令身弱者擁有著平和而健康的力量。

因為印星可以生比劫，身很弱的命者，會具有一種善念及仁愛之心，有捨我助人利他的精神，因此不少成為宗教界的慈善者。

身弱命中的印星如有官殺生，則主有權柄，反之則有小人當道，成為跘腳石，阻礙命主的前進，故身旺者的能力會造成閉塞，印多者愚魯，所以如想讀書成就，便要有印星作為吸收知識的機器，但若身旺者多印的話，便會不和別人辯論，少有以食傷輸出，則其思想閉塞，只懂得以逆向思維。

阻礙

身旺印多者的固執不通，往往會阻住地球轉而為他人所指責。

比劫互動

當人有了智慧及名望後，便可吸引並凝聚同路人，互助互動地合作，取得志同道合的人來一起謀事了。

比肩和劫財在命，配置得用者，多數自信而能量充沛，有著堅定的信念，故做事容易成功，而個性的自律，會很容易取得良伴，成為好拍檔，形成一種良性競爭進步的動力。

若果比劫星的配置不當，如身旺過其度，主必剛愎自用，引來眾多惡性競爭的對手，造成禍害，尤其是財星受劫，會導致金錢的損失，也因為財星是主女緣得失，劫比太重者自己易遭劫奪一空，如有食傷作為宣洩，又能反敗為勝，可以在眾多對手中，突圍而出，自在而行，再無障礙。

生活互動

六神的運用，最好是能用在生活上，能夠在人與人之間互動，是希望做到的效果，只有這樣，批出來的命才會生動，分析才有方向，讀者諸君多在這方面努力，論命的能力必能與日俱增。

後記

談笑道人生

批命是我的宿命嗎？這個問題不是別人問我的，而是我自己問，而且問到今天，也不記起是由何時開始了，我只知道這是一個命運的安排，及有限度地扭轉命運的過程。

雖然在現實裡，批命像是我的宿命，那種種因緣結集力，像是源遠流長的，由它來帶動著筆者的整個人生，絲絲入扣，沒有一刻間斷

過，反觀其它的事情，無論是甚麼也好，都是做不長或者是斷斷續續的。

筆者理想是搞文藝工作，並以此為終身事業，趁年輕力壯便開始出版自己的書，轉眼數十年，經歷了很多很多，積集了大量的資糧，包括寫了近六十部命相書，散書繪本和四格等漫畫作品，更多達數百，因此發願，希望在未來能夠改變命運，做自己最愛的事，達成理想中的願境。

除了寫書論命之餘，筆者也在近十年裡，發展水墨畫的興趣，還苦練唱曲，所以在社交平台facebook上，ｐｏ出來的近況，比出書的訊息還多，原因是畫可以天天寫，寫書便要耗時幾個月，甚至半年以上才能完成。

由於寫書以至出版，整個過程都是十分之艱鉅的，也很花精神，反觀年紀愈來愈大的自己，也覺得搞了數十年的命理需要放慢下來了，因此便閒來作畫練字，而出版命理書也是興趣而不當成事業了，如此附庸風雅地慢慢走下去，反而能夠在思違上有空間反思，好像生命的內在處生起一種力量，這可能就是佛家所說的「種子與業力」吧。

易天生

2022年12月10日

心田書目

書名	系列	書號	定價
掌相配對－速查天書	知命識相系列(2)	9789887715146	$100.00
五行增値－子平氣象	知命識相系列(9)	9789887715139	$120.00
子平真詮－圖文辨識	中國命相學大系：(23)	9789887715122	$120.00
子平百味人生	知命識相系列(8)	9789887715115	$90.00
三命通會－女命書	命理操作三部曲系列(22)	9789887715108	$100.00
窮通寶鑑 命例拆局	命理操作三部曲系列(21)	9789887715078	$130.00
太清神鑑 綜合篇	命理操作三部曲系列(20)	9789887715061	$120.00
太清神鑑 五行形相篇	命理操作三部曲系列(19)	9789887715030	$120.00
課堂講記	命理操作三部曲系列(5)	9789887715009	$120.00
易氏格局精華	命理操作三部曲系列(4)	9789881753755	$160.00
五行增值	命理操作三部曲系列(3)	9789881753755	$100.00
六神通識	命理操作三部曲系列(2)	9789889952679	$90.00
八字基因升級版	命理操作三部曲系列(1)	9789881687807	$130.00
神相金較剪(珍藏版)	中國命相學大系(1)	988987783X	$160.00
人倫大統賦	中國命相學大系(4)	9789889952600	$70.00
八字古詩真訣	中國命相學大系(5)	9789889952648	$100.00
神相鐵關刀全書全書	中國命相學大系(13)	9789887715054	$160.00
滴天髓古今釋法	中國命相學大系(8)	9789881753762	$100.00
玉井奧訣古今釋法	中國命相學大系(9)	9789881877017	$100.00
世紀風雲命式	中國命相學大系(13)	9789881687715	$100.00
滴天髓命例解密 全書	中國命相學大系(18)	9789887715092	$160.00
神相麻衣全書	中國命相學大系(12)	9789887715016	$160.00
命理約言	中國命相學大系(14)	9789881687772	$100.00
心相篇	中國命相學大系(15)	9789881687845	$100.00
神相冰鑑	中國命相學大系(16)	9789881687890	$100.00
神相照膽經全書	中國命相學大系(17)	9789881687746	$160.00
掌相奇趣錄	知命識相系列(7)	9889877864	$60.00
命相百達通	知命識相系列(6)	9889877856	$58.00
面相玄機	知命識相系列(4)	9789881753731	$65.00
面相理財攻略	知命識相系列(5)	9789889952693	$78.00
陰間選美	末世驚嚇(1)	9889877872	$46.00
聆聽童聲	童心系列(1)	9889877880	$46.00
五官大發現(漫畫)	玄學通識系列(1)	9889877821	$38.00
拆字天機全書	玄學通識系列(4)	9789881877000	$130.00
字玄其說	玄學通識系列(3)	9889877899	$68.00
玄空六法現代陽宅檢定全書	玄空釋法系列(1)	9789887715085	$160.00
風水安樂蝸	玄空釋法系列(2)	9789881687869	$88.00
八字財經	玄空通識系列(6)	9789881687838	$100.00
玄易師(相神篇)	心相禪系列(3)	978988901877055	$68.00
子平辯證	玄學通識系列(4)	9789881753779	$90.00

八字拆局　玄學通識系列(5)　9789881877062　$90.00
真武者之詩1　武狂戰記　超動漫影象小說（1）9789881753793　$66.00
真武者之詩2　戰東北　超動漫影象小說（2）9789881877013　$68.00
真武者之戰3地界七層塔　超動漫影象小說（3）9789881753793　$68.00
真武者之神　神龍記　超動漫影象小說（4）9789881687739　$68.00
三國日誌　NO.1　人工智能漫畫系列 01　9789889952624　$48.00
三國日誌　NO.2　人工智能漫畫系列 02　9789889952631　$48.00
海嘯風暴啓示錄　NO.1　人工智能漫畫系列 03　9789881753748　$48.00
西遊解心經　人工智能漫畫系列 04　9789881687852　$68.00
鬼怪事典1　超動漫影象小說（5）978988168771　$55.00
鬼怪事典2　超動漫影象小說（8）9789881687777　$58.00
鬼怪事典3　超動漫影象小說（12）　9789881687722　$68.00
鬼怪事典4　超動漫影象小說（13）　9789881687883　$68.00
鬼怪事典5　超動漫影象小說（14）　9789881175023　$68.00
鬼怪事典6　超動漫影象小說（15）　9789881175047　$78.00
漫畫時代1　超動漫影象小說（6）9789881687753　$55.00
神龍記 上　漫畫+小說版　超動漫影象小說（7）9789881687708　$60.00
大聖悟空 1 微漫版　超動漫影象小說（9）9789881687784　$65.00
大聖悟空 2 微漫版　超動漫影象小說（10）　9789881687821　$65.00
大聖悟空 3 微漫版　超動漫影象小說（11）　9789881687876　$65.00

實體書【補購站】

電郵：tcwz55@yahoo.com.hk

（讀者補購以上書籍，請往下列書局）

可享折扣優惠

陳永泰風水命理文化中心　23740489
九龍彌敦道242號立信大廈2樓D室

上海印書館　25445533
香港中環德輔道中租庇利街17-19號順聯大廈2樓

鼎大圖書　23848868
九龍油麻地彌敦道568號僑建大廈五樓

陳湘記書局　27893889
九龍 旺角 通菜街130號

星易圖書　39970550
Email：xinyibooks@yahoo.com.hk

查詢圖書資料　電郵地址：tcwz55@yahoo.com.hk　聯絡：謝先生

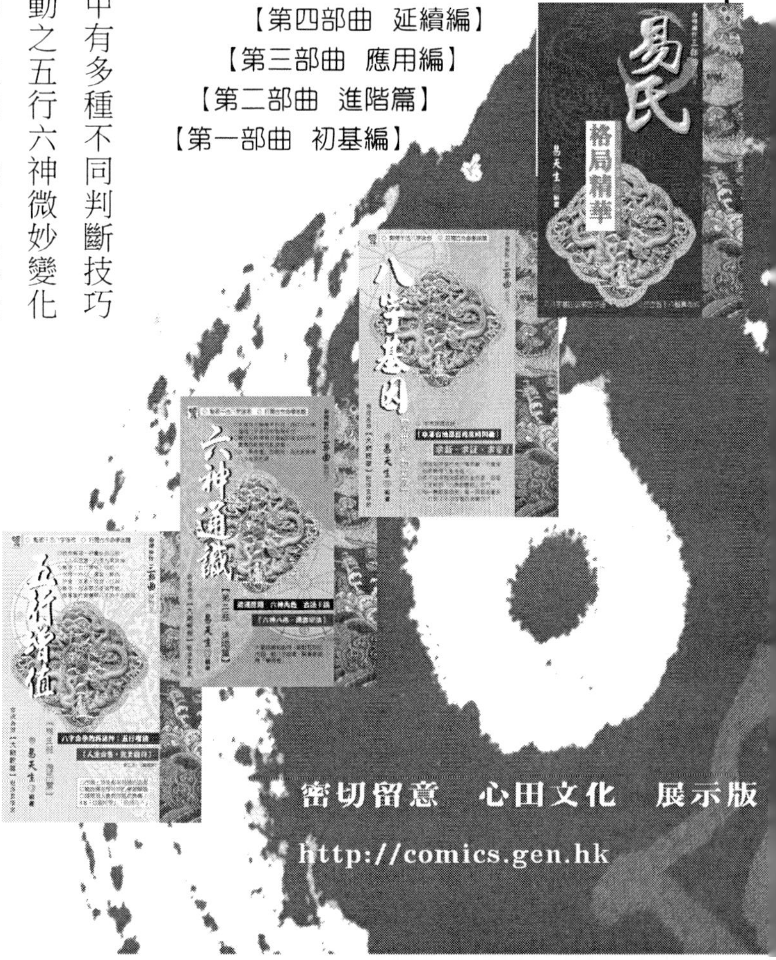

易天生老師

第二部闖出國際的作品

於南韓全國發行

心田文化出品

命相經典！

第一部台灣全國發行：

神相金較剪

第二部南韓全國發行：

五官大發現

yes24.com/Product/Goods/71833562

易天生老師南韓大丘新書發佈會 活動實錄

2019年遠赴南韓大丘市，最大書店教保文庫，頂層舉行作者簽書會，並與當地讀者作即時交流，解答在場人士的相學問題。

南韓大丘活動實錄

轉載自易天生官方網站社交平台：

https://www.facebook.com/yitis55

facebook.com/tcwz55

易天生

心情好緊張

見証五官兒子在南韓的..出生

文煥和其他30人　　6則留言

易天生

南韓大邱最大的書店"教保文庫"

新書經已在南韓出版，四月六日星期六，出版社安排了一場活動，在教保文庫舉辦與南韓讀者朋友的見面會。

心情有點緊張。

易天生

教保文庫書店門口

放上了我今天交流活動的宣傳

單，嚇我一跳。

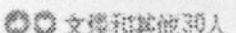

文煥和其他30人

易天生

五官的韓文翻譯...申美燮小姐

我本書國語夾雜廣東話，又多名詞術語，一点也不好翻譯，申小姐可謂勞苦功高。

文鄉、Hui Chi Yeung和其他25人　　5則留言

易天生

易天生

分享會正式開始

現場坐滿了來自南韓各方的讀者朋友
感謝白水振教授為我翻譯
準備了一晚的講稿，和拿了一些作品
都展示出來，起初還有点緊張
也漸漸平穩下來

易天生

教保文庫內五官廣告宣傳

每層都散佈着
真的十分重視我這本書。

易天生

在韓國的女讀者

大家一起到很別致的咖啡店
為老師簽名留念。

41　　4則留言

易天生

那天讀者會上，還介紹了…

我未來的水墨畫路向，因此那天大家都很捧場購書，心裡十分感謝南韓讀者，和專誠由首爾出版社前來的兩位小姐，一早在書店作妥善安排。

還有白教授和申小姐的幫忙翻譯，才令今次活動得以成功。

易天生

活動完畢，為在場的南韓朋友簽名

收到各方面的回響
是次新書發佈會獲得好評和成功。

文瀞、Amino Acid和其他122人　32則留言

易天生

出版社安排了

交流會因讀者的熱情超了時
結束後立即趕去這間充滿園藝特色飯店
共進晚餐。

易天生

交流會圓滿結束

書店上工作的讀者朋友，帶了太太來捧場，高興又添一位新讀者啊。

文瀞和其他30人